Dacia Maraini

Bagheria

Rizzoli

Prima edizione: gennaio 1993
Seconda edizione: febbraio 1993
Terza edizione: marzo 1993

Bagheria

Bagheria l'ho vista per la prima volta nel '47. Venivo da Palermo dove ero arrivata con la nave da Napoli e prima ancora da Tokyo con un'altra nave, un transatlantico.

Due anni di campo di concentramento e di guerra. Una traversata sull'oceano minato. Sopra il ponte ogni giorno si facevano le esercitazioni per buttarsi ordinatamente in mare, con il salvagente intorno alla vita, nel caso che la nave incontrasse una mina.

Di quella nave conservo una piccola fotografia in cui si vede un pezzo di ponte battuto dal vento e una bambina con un vestito a fiori che le sventola sulle gambe magre. Quella bambina ero io, avevo i capelli corti, quasi bianchi tanto erano biondi, le scarpe da tennis rosse ed ero tenuta per mano da un ufficiale americano.

Ero molto amata dai marines americani, ricordavo loro le figlie bambine lasciate a casa. Mi colmavano di regali: barrette di cioccolata, scatoloni di polvere di piselli, bastoncini di zucchero a strisce bianche e rosse.

Uno di loro mi amò al punto da portarmi in camera sua facendomi fare tre piani di scale a piedi, di corsa, dietro le sue lunghe gambe di giovanotto. Quando, dopo avermi mostrato le fotografie della figlia di sei anni, cominciò a toccarmi le ginocchia, presi il fugone. E feci all'indietro, quasi rotoloni, tutte le scale che avevo fatto in salita con lui. Fu in quell'occasione che capii qualcosa dell'amore paterno, così tenero e lascivo a un tempo, così prepotente e delicato.

La notte sognavo di essere inseguita da un aereo che mitragliava i passanti, cacciandoli come farebbe un falco. Scendeva in picchiata e aggrediva alle spalle, lasciando dietro di sé un poco di polvere sollevata dal frullio delle ali e un sapore eccitato di paura e di fuga.

La morte e io eravamo diventate parenti. La conoscevo benissimo. Mi era familiare, come una cugina idiota con cui si ha voglia di giocare e da cui ci si aspetta qualsiasi cosa: sia un gesto affettuoso che un calcio, sia un bacio che una coltellata.

A Palermo ci aspettava la famiglia di mia madre. Un nonno morente, una nonna dai grandi occhi neri che viveva nel culto della sua bellezza passata, una villa del Settecento in rovina, dei parenti nobili, chiusi e sospettosi.

Al porto abbiamo preso una carrozza che ci avrebbe portati a Bagheria. L'abbiamo caricata di tutti i nostri averi che erano in verità pochissimi, essendo tornati dal Giappone nudi e crudi, con addosso soltanto i vestiti regalati dai militari americani, senza soldi e senza proprietà.

La carrozza prese per via Francesco Crispi, via dei Barillai, via Cala di porto Carbone, in mezzo a mozziconi di case buttate giù dalla guerra. Poi porta Felice con le sue due belle torri, il Foro italico, quella che una volta si chiamava Marina, vicino alla piazza Marina vera e propria dove si tenevano le più grandi feste palermitane, ma anche dove si eseguivano le impiccagioni, gli squartamenti.

Proseguendo, abbiamo imboccato la strada del mare, piena di curve, ancora non asfaltata, fatta di "balati" nei centri abitati e altrove semplicemente bianca di polvere e di terra.

Lasciavamo alle spalle il monte Pellegrino con la sua forma di torrematta, una Palermo tutta detriti e rovine. Ci inoltravamo nella campagna estiva dalle erbe bruciate, i corsi d'acqua secchi e riarsi.

A ricordare quel viaggio mi si stringe la gola. Perché non ne ho mai scritto prima? Quasi che a metterla su carta, la bella Bagheria, a darle una forma, me la sentissi cascare addosso con un eccessivo fragore di lontananze perdute. Una fata morgana? Una città rovesciata e scintillante in fondo a una strada pietrosa, che ad avvicinarsi troppo sarebbe svanita nel nulla?

Stavo seduta fra mio padre, un uomo nel pieno della sua bellezza e seduzione (ho imparato, poi, quanto possa essere seduttiva e assillante una figlia innamorata del padre) e mia madre, fresca e bella anche lei, molto giovane, quasi una ragazza, con i suoi lunghi capelli biondi, gli occhi grandi, chiari. Davanti a me le mie due sorelle: una dalla testa piccola e tornita, gli occhi a mandorla quasi cinesi nelle loro palpebre teneramente gonfie, che sarebbe diventata musicista, l'altra dalle braccia rotondette, la pelle rossiccia tempestata di lentiggini, che sarebbe diventata scrittrice.

Il cavallo magro, un cavallo del dopoguerra che mangia fieno sporco e di poco prezzo, faticava a portarci tutti, sebbene fossimo quasi privi di bagagli. Ma lo stesso mi sembrava di correre a perdifiato su quelle grandi ruote nere e rosse verso l'avvenire. Cosa ci avrebbe riservato la sorte?

Passato l'obbrobrio delle bombe, della fame disperata, avevo perso anche quella assidua frequentazione con la cugina idiota. Sedevo tranquilla sul seggiolino imbottito della carrozza e mi guardavo intorno pensando che tutto era possibile. Annusavo incuriosita gli inusuali odori di gelsomino e di escrementi di cavallo.

A sinistra avevo il mare di un colore crudo, verde vegetale. A destra la piana di ulivi e limoni. Per la prima volta respiravo l'aria dell'isola. Ne avevo sentito tanto parlare durante la prigionia in Giappone. Più che altro si parlava di cibi, dalla mattina alla sera, per soddisfare con la fantasia quella fame che ci prosciugava la saliva in bocca e ci rattrappiva le viscere.

«Ti ricordi la pasta alle melanzane che si mangiava a Palermo? con quelle fettine nere, lucide, sommerse nel pomodoro dolce.» «E quelle altre melanzane che si chiamano "quaglie" perché si vendono cotte, tagliate come se avessero due ali ai lati del corpo e sanno di anice e di fritto?» «Ti ricordi le sarde a becca-fico, arrotolate con dentro l'uvetta, i pinoli, quella tenera polpa di pesce che si sfaldava sulla lingua?» «Ti ricordi i "trionfi di gola" che si compravano dalle suore, con la gelatina di pistacchio che sembra entrarti direttamente nel cervello tanto è profumata e leggera.» «E ti ricordi le "minne di sant'Agata", quelle paste in forma di seni tagliati, ripieni di ricotta zucche-rata?»

Improvvisamente la carrozza si infilava fra basse case accatastate. Dei cubi bianchi e cele-sti, senza finestre, con un balcone lasciato a mezzo sul tetto per quando si sarebbe costruito un altro piano. Era Ficarazzi?

Ogni tanto, in mezzo a quell'affollarsi di case minute, una visione improvvisa, un pa-lazzo dal colore rosato del tufo marino, le vo-lute intagliate nella pietra, le statue sul tetto, le grandi scale che si aprono a ventaglio, le fine-stre finte, le balaustre finte, tutto un gioco di inganni per l'occhio inquieto dei signori di al-tri secoli, un gioco di pieni e di vuoti che sug-gerivano chissà quali languidi misteri architet-tonici.

L'eleganza di un progetto di trompe-l'oeil

da una parte, dall'altra la miseria di rifugi di pura sussistenza: muri tirati su con la calce, a braccio, senza neanche l'occhio del geometra a controllare. Sembra che si reggano, quei muri, solo perché si appoggiano l'uno all'altro.

A momenti la strada si infilava dentro i vigneti, non si vedevano che uve appese e foglie di vite. Poi, di colpo, una curva e ci si avvicinava al mare, fino a sfiorarlo. Si vedevano i ciottoli bianchi e l'acqua che fiaccamente li copriva e li scopriva con un movimento lento, dolcissimo.

In Giappone non avevo frequentato il mare. I primi tempi stavamo a Sapporo, fra le nevi di un eterno inverno. In certi giorni di gennaio dovevamo uscire dalla finestra perché la porta di casa era sepolta sotto cumuli ghiacciati. Poi ci eravamo trasferiti a Kyoto dove avevo imparato a parlare il dialetto locale. Poi a Nagoya, sotto le bombe.

Come dimenticare lo splendore sinistro di quelle esplosioni? La notte illuminata da palloni di luce accecante che scendevano lentamente, lentamente, come se non sapessero in realtà se andare verso l'alto o verso il basso. Ma gli aerei sapevano bene cosa farne di quella luce sospesa che serviva loro per ricognizioni notturne e bombardamenti nelle ore in cui tutti dormivano.

Il sibilo delle bombe squarciava l'aria. E poi, ecco, un tonfo lontano. Avevo imparato a distinguere le bombe pericolose da quelle più innocue. E, con la ferocia di chi pensa solo alla sua sopravvivenza che è appesa a un filo giorno dopo giorno, mi godevo la meraviglia di quelle giostre notturne sopra la città vicina. Sapevo che altre notti si sarebbero schiarite anche per noi e ci saremmo precipitati, correndo, dal letto al rifugio mentre schegge assassine volavano come mosche nell'aria tiepida della notte.

Dopo un anno di bombe, con la sensazione di camminare in alto, sopra un filo teso – pronta a perdere la vita come si perde un dente – il piede teso e fermo sul vuoto, i militari giapponesi sono venuti a prenderci per portarci in un altro campo di concentramento, ma questa volta in campagna, dentro un tempio buddista.

Lì ho conosciuto le risaie infestate dai serpenti e dalle sanguisughe. Ho conosciuto l'afa di certi pomeriggi senza cibo in cui il sogno di una pesca succosa e fresca si faceva così vivo da spingerti a mordere la tua propria mano.

Ci si chiedeva se era stato saggio rifiutarsi di firmare per la Repubblica di Salò, senza pensare di coinvolgere «le bambine che non c'entrano niente con la politica». Mia madre diceva che negli occhi di quegli uomini affamati, i compagni del campo, c'era una luce di ossessione cannibalesca quando si fissavano sulle carni tenere della figlia più piccola, di un anno appena.

Mio padre rispondeva che quelle erano le conseguenze dell'antifascismo e bisognava aspettare la fine della guerra, ché certamente gli alleati avrebbero vinto. «E se perdono?» Sapevamo che ci sarebbe toccata una morte brutale, forse una fucilazione. «Non parlarne davanti alle bambine.» «Andrà tutto bene vedrai.» «E se andasse male?»

Li sentivo battibeccare nel buio dell'unica stanza in cui dormivamo tutti insieme, a voce bassa, testardamente. E in cuor mio li consideravo bambini. Preferivo essere lì con loro che altrove senza di loro. Come li avrei protetti e covati, i miei due giovanissimi genitori, che a furia di guardare il cielo non vedevano dove mettevano i piedi. Io mi ero già adattata a giocare con le pietre: quelle grandi erano pietanze grandi e quelle piccole pietanze minute. A volte ci si sfama anche con gli occhi e i sassi erano dipinti con tanta cura. Intanto imparavo a tirare fuori dal sedere certi vermi lunghi e paffuti che si mangiavano quel poco di riso che era il nostro solo nutrimento nel campo.

Il mare non lo conoscevo. Anche se il Giappone è fatto di isole e il pesce e le alghe sono parte essenziale del cibo nazionale. Ma noi ci eravamo rivolti sempre verso l'interno: boschi di aceri dalle foglie stellate (era Karisawa con quelle acque diacce e profumate?), templi dalle colonne di legno laccato di rosso, fiumi dalle sabbie nere sorvolate da nugoli di farfalle giallo limone.

Ora facevo conoscenza con quel corpo materno e sfuggente, maligno e gentile che è il mare e me ne sarei innamorata per sempre. Avrei imparato presto a giocare sulle rocce sfuggendo le onde grosse con un salto, a lanciarmi nei marosi turbinosi un attimo prima che si buttassero feroci contro le rocce, a spigolare sott'acqua in cerca di ricci, ad acchiappare i granchi e i gamberetti nelle pozze d'acqua orlate di croste di sale, coi piedi a mollo fra le alghe scaldate dal sole che mandano un odore bruciante che non si dimentica più.

«Cattolica eccola lì» diceva mia madre, «siamo quasi arrivati.» Una grande villa dalle scalinate eleganti, le finestre come occhiaie vuote, senza infissi, pezzi di muri sbrecciati, uno spolverio di mattoni sbriciolati. Un giardino incolto con le pale dei fichi d'India coperti di polvere, che si fanno largo fra delicati cespugli di gelsomini, improvvise esplosioni di fiori di ibiscus rosso fuoco, bougainvillee d'un viola fosforescente che nessuno curava da anni ma che pure, testardamente, si ostinavano ad aggrapparsi a quei muri in rovina. Più avanti, ecco il grande casermone di cemento: la fabbrica della pasta, con le sue polveri bianche che sbucavano dalle inferriate, sbavavano dalle finestre alte, dai comignoli, ricadendo, annerite dalla strada, lungo le pareti esterne dell'edificio.

A Bagheria si entrava allora dal basso, superando l'incrocio della ferrovia dalle spranghe che chiudevano per lunghi minuti sotto il sole, fra un mulinello di mosche e moschini.

E proprio a quell'incrocio si è fermata la carrozza, davanti al passaggio a livello chiuso. Mio padre è sceso per sgranchirsi le gambe. Il vetturino intanto parlava col suo cavallo, lo incitava a compiere il suo dovere fino in fondo, nonostante il caldo, le mosche, la fatica e quel poco cibo che gli dava per sopravvivere.

A destra, un fico gigantesco, da cui pendevano dei sacchetti grinzosi, imbiancati dalla polvere, sembrava sbarrare la strada alle biciclette che venivano su dall'Aspra. A sinistra, si intravvedeva la stazione con le sue lunghe rotaie luccicanti. Davanti, c'era la salita verso villa Butera, devastata da enormi buche.

Il cavallo dalle costole visibili sul dorso, scuoteva penosamente la testa per cacciare le mosche ma era come se dicesse no alla salita che aveva davanti, no all'asfalto che cedeva sotto gli zoccoli, ammollito dal sole, no all'afa, alla polvere, alla fame, alla fatica.

In effetti la salita l'abbiamo fatta a piedi. Il cavallo non ce la faceva dopo più di quindici chilometri e il vetturino temeva che cadesse svenuto. Così ci siamo avviati per il corso Butera guardando intorno curiosi così come i bagarioti guardavano noi, con altrettanta curiosità, anche se meno disponibili, più astiosi e perplessi. A un certo momento si è sentita la voce di un bambino che gridava: «Talé, a fimmina ch'i causi»! (guarda, la femmina coi pantaloni). Mia madre infatti portava dei larghi pantaloni da viaggio e questo allora era suscettibile di scandalo.

Non si vedevano che rarissime automobili. Più che altro il traffico era composto da carretti tirati da muli, da somari montati da uomini vestiti di scuro, con qualcosa di severo e aggrondato sulla faccia brunita dal sole; da donne che, pur vestite quasi sempre di nero (per la morte del padre: sette anni di lutto; per la morte di un fratello: tre anni di lutto; per la morte del marito: lutto a vita), camminavano leggere e seducenti, da decine di bambini che sciamavano come mosche da una parte all'altra del paese.

A piazza Madrice ci siamo fermati un momento a respirare. Mia madre ci ha raccontato che dentro la chiesa della Madrice c'è una culla in legno dorato che ha la forma di una grande conchiglia sostenuta su dalle ali di un'aquila in volo e tutta contornata di puttini volanti, che è stata regalata dalla principessa Butera al paese di Bagheria. Lei se la ricordava quella culla ma io, poi, per quanto l'abbia cercata, non l'ho mai vista.

Il vetturino che intanto ci aveva raggiunti, camminando anche lui accanto al cavallo, ci ha detto che se volevamo rimontare, lui era pronto. Così abbiamo ripreso la strada che ora piegava verso villa Palagonia, seduti sugli scomodi strapuntini della carrozza.

Corso Umberto mostrava tutta la povertà di un dopoguerra amaro e patito: delle case sbilenche, delle misere botteghe, un convento, una scuola, un caffè composto da una stanzuccia senza finestre separata dalla strada con una tenda fatta di cordelle intrecciate.

La grande attrazione era l'Emporio dove si vendeva di tutto, dal sapone in scaglie alle caramelle di menta, dall'Idrolitina allo zibibbo secco, dalle candele steariche ai porcellini di ceramica stile Walt Disney che a me piacevano tanto e che mia madre trovava "decisamente brutti: e di cattivo gusto".

Fu il primo incontro-scontro con il gusto popolare. «Che cos'è il cattivo gusto?» chiedevo a mia madre. In che consiste la bruttezza? e perché, dopo avere a lungo frequentato libri e oggetti di arte raffinata, si comincia a pensare che il "bello" dei bambini e della gente comune è brutto?

Dopo, per anni, ho inseguito questo pensiero della bruttezza dei più e della bellezza dei pochi cercando delle risposte a domande che ancora sono lì senza un perché. Esiste un'arte che non venga fuori dal distillato di una macerazione del gusto, dal fondo di una conoscenza approfondita della materia, dalle peripezie lunghissime di un tirocinio al bello? Mi ero convinta delle ragioni di mia madre quando il Sessantotto è venuto a sconvolgere le antiche credenze crociane con il sogno di un'arte spontanea e popolare.

Nelle case delle mie compagne di scuola vedevo portalampade in forma di Veneri lascive, portacenere che imitavano una manina a conca, piccoli arazzi dai motivi pastorali, grandi fotografie dei morti colorate a mano, ex voto che rappresentavano pezzi maldisegnati del corpo umano, e altre cose di gusto corrivo. Ma allora mi riempivano di ammirazione, come pure mi innamoravo delle canzoni melense che parlavano d'amore, dei centrini ricamati sulle spalliere delle poltrone, delle scarpe in tinta con la borsa, dei vistosi bracciali d'oro in forma di serpente, del piattino smaltato con su scritto "dopo tre giorni l'ospite puzza".

Non capivo perché a mia madre non piacessero queste piccole delizie del gusto paesano. Mi dividevo diligentemente in due, nascondendo davanti a lei le mie preferenze che invece enfatizzavo in piena libertà davanti alle mie piccole compagne di scuola bagariote.

Per fortuna a casa non trovavo libri della qualità di quegli oggetti, se no li avrei letti tutti, con la fame che avevo per ogni lettura, e mi sarei riempita la testa di fanfaluche.

Ero una forsennata lettrice e divoravo tutto quello che mi capitava fra le mani. Negli scaffali di casa trovavo Lucrezio, Tacito, Shakespeare, Dickens, Conrad, Faulkner, Steinbeck, Dreiser, Melville. Erano soprattutto libri inglesi perché mio padre, avendo la madre irlandese, aveva sempre dato la preferenza ai libri in inglese. Così io passavo da *Topolino* che allora si vendeva in piccole dispense tascabili a Henry James, senza sentirmi spaesata.

In quanto al cinema ricordo ancora la prima volta che a Bagheria riapparve il proiettore, dopo l'incendio del cinema Moderno. La macchina fu piazzata davanti alla chiesa. E centinaia di persone assistettero al grande prodigio di una serie di ectoplasmi bianchicci che si muovevano sulla parete della chiesa in un vociferare di sorpresa.

Poi le cose presero una forma più precisa; al posto della chiesa fu costruita una arena, furono sparpagliate delle seggiole dal fondo di agave intrecciata, fu sollevato un lenzuolo a mo' di schermo e su quello schermo cominciarono a correre, ben riconoscibili, i cavalli dei cow-boy americani che inseguivano gli indiani con le piume sulla testa.

Negli anni seguenti fu costruito un vero e proprio cinema con le sedie di legno pieghevoli che, ogni volta che uno si alzava, sbattevano contro la spalliera con un gran fracasso. Man mano che l'amore, i baci, gli abbracci diventavano più evidenti e importanti nella "pellicula", però, le donne venivano escluse dalle proiezioni. Si considerava "immorale" per le ragazze andare al "cinema" anche se accompagnate.

Anni dopo ricordo di esserci andata assieme con mio padre, a vedere un film con Esther Williams che a me piaceva tanto. Gli spettatori erano tutti ragazzi oltre a qualche anziano col berretto calcato in testa. Parlavano a voce alta fra di loro e quando due attori si avvicinavano per un bacio cominciavano a urlare: «Pigghiala, pigghiala», e giù risate, pernacchie, battimani. E per una ragazzina era difficile resistere a quell'atmosfera da casino senza passare per una "scostumata".

Molti anni dopo, negli Ottanta, a Palermo, facendo una ricerca sui teatri della città, sono capitata, assieme alla mia amica architetta Marilù Balsamo, a visitare l'ex teatro Finocchiaro poi trasformato in cinema a luci rosse. E quando ci siamo presentate alla cassa per chiedere di poter vedere l'interno della sala, ci hanno guardate scandalizzati. «Ma paghiamo il biglietto se volete.» «No, le donne qui non possono entrare.» «E perché?» «Perché è un pubblico di soli uomini. Si scandalizzerebbero a vedere una donna. Due poi... e come potremmo garantire la vostra incolumità nel caso vi saltassero addosso?»

Il sesso in rappresentazione non era "cuosa p'i fimmini", né allora né ora.

In quel pomeriggio del '47 il vetturino si è fermato davanti al cancello di villa Valguarnera maledicendo le salite, il caldo e le mosche. Una donna grassa, che poi avrei imparato a conoscere bene, – Innocenza dal riso facile e affettuoso, – ci ha aperto gridando: «Signor Boscu, signora Popopazia, signorina Raci, signorina Ciunka, signorina Ntoni, bene arrivati a Bagheria!».

Avremmo imparato poi, che Bagheria mostrava la sua robustezza linguistica storpiando pesantemente i nomi, tutti i nomi, da quelli delle cose a quelli delle persone. Il signor Boscu era mio padre Fosco, Popopazia era mia madre Topazia, Raci ero io, Ciunka mia sorella Yuki e Ntoni, mia sorella Toni.

Alla villa ci aspettava la nonna Sonia dalla larga faccia pallida e dai grandi occhi neri cerchiati di nerofumo come le eroine dei film di Murnau, il nonno Enrico già "allitticatu" da mesi, la zia Orietta dal sorriso dolcissimo e un tic alla spalla destra che sembrava volesse continuamente dare una spallata al mondo, lo zio Gianni dagli occhi intelligenti e dolorosi.

La nostra sistemazione era nella ex stalla, tre camerette ricavate sotto i portici, con un bagno grande quanto una cabina da spiaggia, e delle finestrelle quadrate che davano sul pollaio.

La nostra gioia più grande stava in una porticina che dava su quattro gradini che ci portavano nel giardino della villa. Se non fosse stato per quel giardino la casa ci sarebbe stata veramente troppo stretta.

Invece, la mattina appena alzate, ci buttavamo giù per i quattro gradini a correre in mezzo alle aiuole profumate, godendo della bellezza davvero straordinaria del panorama della valle di olivi che digradavano verso il mare.

Lì, io che parlavo più giapponese che italiano, ho dovuto familiarizzare con la grammatica attraverso gli azzardi verbali del dialetto. Mescolando l'inglese dei romanzi di mare, i più amati, con il siciliano delle filastrocche e dei proverbi. A scuola non riuscivo a ingranare, e poi non stavo mai attenta. Mi portavo dietro dei libri da leggere. E trascuravo i compiti per andare dietro al Capitano Nemo e alla Balena bianca.

Un prete, un giorno, mi ha stretto forte a sé e mi ha dato un bacio frettoloso sulla bocca. Ho fatto fatica a sbrogliare la matassa della fede e della moralità, dopo quella volta. In casa non erano cattolici. C'era una idea dell'uomo come di un prodotto casuale della natura e del caos, un intelligente discendente della scimmia o "della pulce di mare" come diceva mio padre.

Ma per me le cose apprese a scuola e dalle

suore suonavano fascinose e più vicine delle idee un poco astratte dei miei. Perciò coltivavo in segreto un piccolo altare con una statuina della madonna delle più convenzionali – velo celeste, occhi al cielo, faccia impenetrabile, bambino al seno, serpente sotto i piedi – e mi inginocchiavo a pregare anche per "coloro che non sanno".

Nello stesso tempo la guerra mi aveva lasciato una paura insensata della notte e del silenzio. Quando mio padre e mia madre tardavano a tornare, mi torturavo pensando ai loro corpi feriti, sanguinolenti, straziati, spartiti. E finché non sentivo le loro voci non mi tranquillizzavo.

Con le mie sorelle giocavamo ancora, come nel campo di concentramento, con le pietre e con le foglie. Non sapevamo cosa fossero i giocattoli. E quando cominciarono a regalarci le bambole ci sembrarono un lusso non adatto a noi.

Per anni ho nascosto il pane, quando mi avanzava, come i cani. Mettevo in fondo ai cassetti le zollette di zucchero che poi trovavo sfarinate e coperte di formiche. I bocconi di marzapane, avvolti nella carta, li seppellivo sotto gli alberi, con l'idea di andarli a prendere nei momenti di fame.

Ma la fame, quella del campo, era finita. Ora mangiavamo, anche se in modo semplice e povero. La carne solo una volta al mese, la frutta andandola a prendere direttamente dai contadini. Pasta quanta se ne voleva, condita con l'olio e il sale o con l'olio e una alice.

Portavamo le scarpe risolate tante volte, i vestiti rivoltati. Per anni ho avuto un cappotto che era stato ricavato da una vecchia giacca di mio nonno. Una stoffa "di buona lana inglese, indistruttibile" diceva mia madre. Io avrei preferito che fosse stata più distruttibile per potermi comprare qualcosa di nuovo.

Anche il dentista, quello buono, costava e non c'erano soldi. Ricordo una seduta atroce, da un dentista paesano, per togliermi un dente guasto, e lui che tirava, scalpellava, sudava, più o meno come immagino che facessero un secolo fa. L'anestesia era roba da "gran dottori" e i denti me li dovevo togliere come gli altri bambini di Bagheria, con le tenaglie e una caramella in bocca, dopo, per farti smettere di lagrimare.

Mio nonno è morto dopo poco e mia madre e mia zia l'hanno pianto tanto. Era un uomo di grande generosità e gentilezza d'animo. Un uomo di molte letture e di gusti raffinati, filosofo dilettante e perfetto enologo. Noi siamo rimasti ancora lì qualche tempo a litigare con la nonna che non ci amava e non ci sopportava. Finché ci siamo trasferiti a Porticello, in una casa un poco più grande, a dieci metri dal mare.

Di quella casa ricordo il rumore continuo delle onde sulle rocce, a volte aspro, anche minaccioso; il freddo dell'inverno mitigato da una stufa che faceva sempre molto fumo; le mattinate perse fra le rocce a pescare quei gamberetti trasparenti e piccolissimi che si annidano nelle pozze di acqua salata.

Mio padre aveva ripreso a lavorare e col primo guadagno si era comprato una barca a vela minuscola su cui uscivamo insieme in mare. Io rimanevo al timone e lui si tuffava a pescare le cernie fra le rocce. Tornava, come un Tritone, tutto lustro e bagnato, con dei grossi pesci appesi alla cintura.

Poi, tutto si è guastato, non so come, non so perché. Lui è sparito lasciandosi dietro un cuore di bambina innamorato e molti pensieri gravi. E mia madre da sola ha dovuto "crescere le bimbe" in mezzo a cumuli di debiti e di cambiali che regolarmente scadevano togliendoci il sonno e l'appetito.

Il nome Bagheria pare che venga da *Bab el gherib* che in arabo significa porta del vento. Altri dicono invece che Bagheria provenga dalla parola Bahariah che vuol dire marina.

Io preferisco pensarla come porta del vento, perché di marino ha molto poco, Bagheria, sebbene abbia il mare a un chilometro di distanza. Ma è nata, nel suo splendore architettonico, come villeggiatura di campagna dei signori palermitani del Settecento e ha conservato quell'aria da "giardino d'estate" circondata di limoni e ulivi, sospesa in alto sopra le colline, rinfrescata da venti salsi che vengono dalle parti del Capo Zafferano.

Cerco di immaginarla com'era prima del disordine edilizio degli anni Cinquanta, prima della distruzione sistematica delle sue bellezze. Ancora prima, quando non era diventato il centro di villeggiatura preferito dai nobili palermitani, prima delle carestie, delle pesti, in un lontano passato che assomiglia al grembo di una antica madre da cui nascevano le città e le cose.

Polibio parla di grandi distese boscose, due secoli avanti Cristo, quando i Cartaginesi attaccarono gli alleati dei romani "presso Panormo".

Fra il monte Cannita dove pare che sorgesse la città di Kponia, luogo di culto della dea Atena, e il Cozzo Porcara dove si sono trovati i resti di una necropoli fenicio-punica, c'era questa "valletta amena" che poi è stata chiamata Bagheria. Ha la forma di un triangolo con la punta rocciosa del Capo Zafferano che sporge sul mare come la prua di una nave. Un lato comprende i paesi di Santa Flavia, Porticello e Sant'Elia; l'altro lato, il più selvaggio e battuto dal mare era occupato, fino al dopoguerra, solo dal paese dell'Aspra con le sue barche da pesca tirate in secca sulla rena bianca. Al centro, appoggiata fra le colline, in mezzo a una folla di ulivi e di limoni, ecco Bagheria lambita da un fiume oggi ridotto a uno sputo, l'Eleuterio che, ai tempi di Polibio, era navigabile fino al mare.

Lecci, frassini, sugheri, noci, fichi, carrubi, mandorli, aranci, fichi d'India, erano queste le piante più diffuse. E lo sguardo poteva scorrere da un lato all'altro del triangolo fra onde verdi più scure e meno scure immaginando di vedere sbucare da qualche parte un gigante nudo con un occhio solo in mezzo alla fronte.

Oggi il panorama è deturpato orrendamente da case e palazzi costruiti senza discernimento, avendo buttato giù alberi, parchi, giardini e costruzioni antiche.

Eppure qualcosa è rimasta della vecchia grandezza di Bagheria, ma a pezzi e bocconi, fra brandelli di ville abbandonate, nello sconcio delle nuove autostrade che si sono aperte il varco fino al centro del paese, distruggendo selvaggiamente giardini, fontane, e tutto quello che si trovavano fra i piedi.

Mia madre mi raccontava di una certosa, in cui lei era stata da bambina, che stava dentro villa Butera. «Era un piccolo convento in miniatura, con tutte le sale, le cappelle di un vero convento. Entravi e trovavi un fraticello con una brocca d'acqua in mano. Poi ti inoltravi e lungo il corridoio trovavi le celle in cui dei monaci, con la tonaca fino ai piedi, erano intenti a pregare, o a scrivere. Sembravano veri ed erano di cera, riempiti di stoppa. C'era pure un orso imbalsamato che muoveva la testa in mezzo alla sala delle preghiere.

«Le pareti erano affrescate con dipinti nello stile di Velasquez. C'era perfino un vecchio cameriere intento a scopare il pavimento del cortile, con tanto di grembiule e pianelle ai piedi. In una cella più grande, poi, si svolgeva una cena: l'ammiraglio Orazio Nelson e la regina Maria Carolina erano serviti da un cameriere negro. C'era perfino una cucina, con un cuoco che era intento a friggere due uova in una padella. In un'altra stanza c'era Ruggero il normanno che leggeva un libro. E infine, nella sala da pranzo c'era il principe Branciforti, che parlava tranquillamente, seduto a tavola assieme con il re Luigi XVI e Ferdinando I di Borbone... Venivano da tutte le parti a visitare la certosa di Bagheria. E ora?»

Ora la certosa è distrutta. Non so chi e quando abbia compiuto lo scempio. Ma Bagheria ha così poco amore di sé che non conserva neanche le sue memorie più preziose.

Si è sempre pensato che un certo carattere fosco, una certa mentalità arsa e aggrondata delle genti siciliane corrispondesse alla terra che le ha generate. La violenza di un certo modo di fare politica non poteva che abbinarsi a queste rocce grigie e aspre e inaccessibili, a questo mare ostile e troppo prepotente, a questo paesaggio ruvido e secco, arido e mortuario, alle grandi distese di campi di grano, senza un albero, un rifugio dal sole, ai muri irti di spine, sulle cui rovine nasce l'agave che alza il suo bellissimo collo verso il cielo, in un trionfo di fioritura profumata solo nel momento straziante della sua morte.

E invece poi, a leggere gli antichi che hanno scritto dell'isola, si scopre che non sempre è stata così. Si scopre che qui scorrevano acque rigogliose e boschi dai grandi alberi fronzuti sotto le cui ombre riposanti passeggiavano laboriosi individui. I quali parlavano una lingua che oggi risulterebbe incomprensibile, mangiavano pane cotto sulle pietre e bevevano vino diluito con l'acqua e il miele, ridevano di chissà che rivelando denti candidi e occhi profondi.

Sotto quelle fronde hanno camminato i fenici – forse, mi si dice, sono stati loro a dare il nome a Bagheria da una parola fenicia, *Bayaria*, che significa ritorno – così mi dicono, ma è difficile sapere qual è la verità. Le etimologie sono a volte misteriose.

Sotto quelle fronde hanno camminato anche i greci e i latini. E infine gli arabi dal piede leggero e le vesti lunghe, di cotone ricamato.

Gli arabi hanno portato in Sicilia il baco da seta, l'ulivo e il fico d'India. Gli spagnoli, assieme ai loro cavalli e ai loro guerrieri, la coltivazione dell'arancio dolce. Mentre gli aragonesi hanno insegnato l'uso della canna da zucchero.

Da bambina, andavo a caccia di gelsi, con un gruppo di bambini bagarioti, nei campi intorno alla villa. Ci macchiavamo i vestiti e per questo venivamo rimproverati dalle madri. Ma quei frutti gonfi, teneri, che tingevano la lingua di blu e di rosso, erano irresistibili.

Oggi non ci sono più gelsi nella zona di Bagheria, li hanno tutti tagliati. Ma sul molo di Mondello, la marina di Palermo, ancora oggi si possono trovare dei fruttivendoli che, per pochi soldi, ti mettono in mano un cartoccio di carta da zucchero con dentro una manciata di gelsi succosi e profumati.

Il gelso è stato anche l'albero della mia consolazione durante i due anni di campo di concentramento a Nagoya. Ogni giorno ci mettevano in fila e ci contavano, i guardiani del campo. Ma qualche volta si dimenticavano di noi bambine e di queste dimenticanze io approfittavo per crearmi un varco fra i fili spinati e correre dai contadini a lavorare per qualche ora, contenta di ricevere, alla fine, una cipolla, un pezzo di *daikon* (rapa bianca), che giaceva poi nel piatto come un morticino, bianco e storto con quel sapore di acqua marcia che detestavo. Ma era meglio della fame.

Il *daikon* assomiglia anche al Gin Seng che a sua volta fa pensare a un ometto nano dalle braccia sottili e le gambe filiformi. Un ometto o anche un neonato dalle membra bianchicce e molli.

Ma non si dice che fosse così anche la mandragora? Quante notizie confuse si stratificano nella memoria. E spesso non andiamo a verificare. Oggi so che la mandragora è «un'erba velenosa dalle radici tuboflorali con fiori bianchi, foglie seghettate e grosse radici alle quali un tempo si attribuivano virtù magiche».

Nel Trecento si chiamava ancora "mandragora", come io credevo che si chiamasse. Poi invece, non si sa come è diventata la "mandragola". Eppure i latini pronunciavano *mandra-*

goram e i greci *mandrágoras*. Ma forse, si insinua, la parola viene dal persiano *mardum-gia* che vuol dire pianta dell'uomo.

In campo di concentramento ho capito il rapporto che si può stabilire – ironico e profondo – fra il cibo e l'immaginazione magica. È la carenza che fa galoppare i sensi e trottare la fantasia. La mancanza sta all'origine di tutti i pensieri desideranti. E anche di tutte le deformazioni più o meno segrete del pensiero.

I *daikon* avevano il potere di farmi piangere. Ma pure sapevo che era la sola fonte vegetale che arrivasse sul nostro tavolo una volta ogni tanto e bisognava approfittarne.

Ricordo ancora come sedevo inerte, sconsolata e in preda all'odio, di fronte a una scodellina di *daikon* bolliti, mentre le lagrime sgorgavano da sole e scivolavano giù per le guance scavate, rotolando veloci verso il grembo.

Il *daikon* lo vedevo maligno, bianco, dispettoso, anche se portatore di salute. Le sue radici scatenavano nel mio povero stomaco vuoto delle vere tempeste dolorose. Perciò rimandavo il momento di metterle in bocca. Il *daikon* se ne stava lì, chiotto, chiotto, nel piatto e si fingeva morto. Ma non lo era. *Daikon* non fa pensare a *daimon*? Un piccolo demone dalle carni apparentemente innocenti e candide, di una innocenza artefatta che si mimetizzava con la povera ceramica del campo.

Quando potevo correre fra i contadini ero contenta. Infilavo le mani di bambina dentro l'enorme cesto in cui gli uomini avevano gettato le foglie dei gelsi. Le tiravo su, leggere e un poco pelose, le distendevo sui letti dei vermi. Quegli esserini ciechi e permalosi che se ne stavano chiusi nei bozzoli fatti di una materia molto simile alla tela di ragno, che si incollava alle dita ed emanava un leggero odore di farina e di erba tagliata erano i bachi da seta.

Alle volte mi trovavo dentro il palmo un baco non ancora chiuso nel suo nido di bave opache. Ricordo la straordinaria morbidezza di quel corpicino, quasi una carne fatta di nuvola. Le mie mani conservano bene i ricordi di ciò che toccano. Sono mani piccole, laboriose, asciutte, dalle unghie sempre tagliate cortissime, le vene in rilievo come di chi le usa molto (e io con la mia tastiera elettronica vado avanti e indietro per ore e ore al giorno), il mignolo molto più corto e minuto delle altre dita. In effetti, ho faticato a imparare a distribuire il peso delle dita sui tasti. Per usare anche il mignolo dovevo sbilanciare la mano piegando il polso in fuori. Alla fine ho deciso di farne a meno e ora scrivo con otto dita tralasciando il mignolo.

Quella mollezza farinosa, tiepida, del baco da seta, quasi sul punto di sfaldarsi sotto le dita, l'ho ritrovata quando ho stretto in una mano il primo sesso maschile della mia vita.

Era un amico di famiglia che, come aveva fatto a suo tempo il marine americano, ha approfittato di un momento in cui eravamo rimasti soli, per aprirsi i pantaloni e mettermi in mano il suo sesso. Io l'ho guardato con curiosità, per niente spaventata. Eravamo a Bagheria, e io avevo una decina d'anni. Poiché non pretendeva di toccare il mio corpo, cosa che aborrivo, ma con fiducia e delicatezza mi mostrava il suo, non me la sono presa a male. Era il primo pene che vedevo. Curioso che la parola pene sia così simile alla parola pena. Chissà che scegliendo di dire pene non si volesse insinuare che il portatore di pene è anche un portatore di pena. Ma questo è un azzardo linguistico.

Il primo pene portatore di una piccola pena, nel senso che certamente io ero bambina e lui mi imponeva il suo corpo di adulto, anche se senza violenza, è stato quest'uomo che poi era un buon amico di famiglia e frequentatore usuale della casa.

Fino ad allora avevo solo intravisto una volta il pene di mio padre, ma era in posizione di riposo e soprattutto non mi veniva offerto. Anzi lui si era vergognato del mio guardare e si era ricoperto subito con imbarazzo. Non era spudorato il mio amato padre. E per tutta la mia infanzia, l'ho amato senza esserne ricambiata. È stato un amore solitario il mio. Vegliavo su di lui, sulle sue impronte mai ripercorse, sui suoi odori segreti.

Essendo lui sempre in viaggio, sempre lontano, trasformavo le mie attese in architetture complicate e aeree, tra il miraggio cittadino e la voglia di un sogno a occhi aperti. Quando tornava da uno dei suoi viaggi, io annotavo con pignoleria gli odori che si era portato dietro: di vecchie mele (l'interno dei sacchi da montagna chissà perché ha sempre quel fondo di mela, forte, acido, incancellabile), di biancheria usata, di capelli scaldati dal sole, di libri scartabellati, di pane secco, di scarpe vecchie, di fiori macerati, di tabacco di pipa, di balsamo della tigre contro i reumatismi.

L'insieme non era cattivo, anzi era dolce e

inconfondibile, era il suo odore che ancora oggi mi fa sobbalzare quando lo sento in qualche angolo di casa, in qualche vestito vecchio, in qualche sacco da montagna messo da parte. Era l'odore di un uomo solitario, insofferente di ogni legame, di ogni impegno, che viaggia in continuazione da un continente all'altro. Un pellegrino dai gusti semplici e spartani, abituato a dormire per terra, a cibarsi di niente, astemio, sobrio, ma capace anche di grandi mangiate e grandi bevute se fatte in buona compagnia, in cima a una montagna o dentro una capanna abbandonata fra le rocce vicino al mare. Qualche volta fumava la pipa ma l'odore del tabacco non lo ritrovavo nei suoi abiti. Solo qualche volta nel "ruc sac" come veniva chiamato in famiglia. In campo di concentramento lui e gli altri uomini fumavano le foglie di ciliegio arrotolate. Il sapore pare fosse amaro e bruciante. Ma l'odore mi piaceva: era leggero e profumato di fiori.

L'ho amato molto questo mio padre, più di quanto sia lecito amare un padre, con uno struggimento doloroso, come anticipando in cuor mio la distanza che poi ci avrebbe separati, prevedendo la sua vecchiaia che mi era già intollerabile da allora, immaginando la sua morte di cui non mi sarei mai consolata, ma di cui scorgevo l'ombra fra le sue ciglia delicate, fra i suoi pensieri selvaggi, negli angoli delle sue labbra sottili e delicate.

«Cos'è questa cosa bianca che esce dal tuo corpo?» ho chiesto all'amico di famiglia che si piegava in un sussulto di piacere mentre il baco cresceva fra le mie mani e poi, dopo un fremito, tornava a rimpicciolirsi lasciando sul mio palmo di bambina un liquore bianchiccio e appiccicoso.

Lui ha sorriso. Non ha saputo rispondermi. O forse ha detto qualcosa come "lo capirai dopo, da grande". Per un momento avevo pensato a una malattia, una eruzione purulenta, qualcosa di inaspettato e segreto che minacciava la sua salute. Poi, ero stata talmente stupita dalla rapida metamorfosi del piccolo baco che avevo pensato: "deve avere mandato giù un pezzo di fungo, come Alice. Ora ne mangerà un altro pezzetto e tornerà a farsi grande, robusto". Doveva esserci qualcosa di capriccioso e imprevedibile in quel crescere e decrescere, in quel gonfiarsi e sgonfiarsi della carne di un adulto. E non sapevo ancora che si chiamava pene.

Per giorni e giorni, poi, l'amico di famiglia

non si è fatto più vivo. E io ripensavo con un misto di disgusto e di curiosità a quel suo corpo piegato in avanti, a quel fiotto di latte che mi aveva imbrattato le mani, a quella faccia vergognosa che si chinava, si chinava stranamente su di me, senza però toccarmi, come se con quella vicinanza distaccata ribadisse la sua profonda estraneità a quello che stava facendo.

Che avesse messo il suo baco così morbido e indifeso fra le mie mani bambine lo considerai allora un gesto di fiducia estrema di cui non potevo che inorgoglirmi.

Quando lo vidi, qualche tempo dopo, si mostrò severo e scostante con me. Mi rimproverò di essere una «bambina troppo sveglia», troppo curiosa, «portata alla scostumatezza». E riuscì a convincere mia madre, tanto da indurla a togliermi e a buttare via un vestito senza maniche e corto sulle gambe a cui ero molto affezionata, per farmene un altro lungo, a pieghe che mi stava da cani.

Anni dopo, fra il '70 e l'80 mi sono trovata, con delle amiche, a fare degli incontri di "autocoscienza" così li chiamavamo allora e costituivano l'ossatura del movimento delle donne. Ci si riuniva, a pranzo o a cena, quando eravamo libere dai rispettivi impegni di lavoro e parlavamo, ma con qualche metodo, dandoci dei tempi e analizzando a vicenda le nostre esperienze più lontane che riguardavano la scoperta del sesso, dell'amore, l'incontro con la violenza, col desiderio di maternità, eccetera.

In quell'occasione scoprii che la cosiddetta "molestia sessuale" da parte degli adulti sui bambini era una cosa comunissima, ben conosciuta a tutte o quasi tutte le bambine. Le quali spesso tacciono per il resto della vita, impaurite dalle minacce, dalle esortazioni degli uomini che le hanno portate negli angoli bui. Sentendosene in colpa, sempre, quasi fossero state loro ad allungare le mani, a concepire pensieri proibiti, a forzare la volontà ancora incerta degli uomini anziché il contrario. Alle prese, una volta svelato il fatto, con madri incredule e portate ad addossare tutte le colpe alle figlie anziché ai mariti, agli amanti, ai cugini, ai fratelli, agli amici di famiglia.

Tale è la rimozione che alcune proprio se lo dimenticano, ma sul serio e ci vogliono anni di analisi per tirarlo fuori. Una mia amica londinese ha scoperto, dopo dieci anni di analisi, che da bambina era stata violentata dal nonno. Ma l'aveva "dimenticato" opportunamente, per la buona pace della famiglia, e per non dispiacere a sua madre.

Sapere che non era una esperienza solitaria e isolata, che c'era dietro un metodo, delle tecniche sempre simili per tenere in silenzio le bambine, chiuse dentro i loro segreti "sporchi" come se fossero le garanti della tentennante felicità familiare, è stato un sollievo e una fonte di conoscenza reciproca, l'inizio di un discorso comune sulla violenza antica del mondo dei padri che hanno sempre considerato proprio diritto, per sorte familiare, la proprietà e la manipolazione delle femmine di casa.

"La senia o noria oggi in disuso, era costituita da un sistema di secchielli inseriti in un
nastro a catena che ruotavano con un conge-
gno meccanico, a trazione animale (di solito
asino o mulo) a mezzo di una manovella girata
a mano per tirare dai pozzi l'acqua per l'irriga-
zione dei campi", leggo nel libro di Oreste Girgenti su Bagheria, il solo libro organico che
racconti la storia della cittadina.

Un uomo onesto questo Girgenti, metico-
loso e molto amante della sua terra. Anche
se si indovina, dietro le sue ricerche accurate,
il terrore di offendere i notabili del paese,
che siano sindaci, o prelati o nobili o "eme-
riti professori". Un libro accurato e rassicu-

rante, di assoluto ossequio alle "autorità".

Nel libro compare la data del 1985 ma immagino che si tratti di una ristampa perché sembra uscito dai cassetti di uno studio dell'Ottocento. Anche le fotografie sembrano a cavallo del secolo, con il loro sobrio bianco e nero, e mostrano una Bagheria ormai inesistente, commovente nelle sue sfilate di scolaresche del Convitto Manzoni, o negli scorci di ville viste da lontano, sprofondate in mezzo agli ulivi che sono stati tagliati per lo meno da mezzo secolo.

Niente ci viene detto, da parte dell'onesto Girgenti, sullo scempio delle ville di Bagheria che pure lui ama e ammira.

"Tutto è cominciato con un esproprio voluto dal Comune di Bagheria verso la metà degli anni '50", scrive Francesco Alliata, uno dei pochi fra i miei parenti che ha dimostrato una coscienza civica, assieme alla giovane nipote Vittoria. "Non fu possibile da parte di mia zia Caterina e di mio fratello Giuseppe di convincere il Comune a usare un'altra area vicina."

Il pretesto era la costruzione di una scuola elementare. Ma chiaramente si trattava di una scusa perché la scuola si sarebbe benissimo potuta costruire un poco più in là, mentre le terre vincolate che contornavano villa Valguarnera facevano gola a chi voleva costruire in pieno centro di Bagheria. Uno dei preziosi "polmoni verdi", uno degli spazi più deliziosamente arredati dai giardinieri di tre secoli fa è stato così brutalmente "ripulito" dei suoi alberi secolari, delle sue fontane, dei suoi vialetti, delle sue statue, delle sue balaustre in arenaria, per fare spazio a una orribile scuola che non ha nessuna vera necessità di stare dove sta.

Ma si trattava di una prima mossa, apparentemente nata da una considerazione di bene comune – chi si sarebbe opposto alla costruzione di una scuola pubblica? – per poi fare seguire le villette e i palazzi.

Che la zona fosse vincolata da precise leggi per la difesa del paesaggio, dei monumenti e del verde pubblico non preoccupa nessuno. All'esproprio segue la costruzione di una strada e poi di un'altra strada, più larga e infine ecco le lottizzazioni selvagge.

Solo nel '65, a scempio avvenuto, per volontà del Partito comunista viene costituita una Commissione d'inchiesta presieduta dall'onorevole Giuseppe Speciale. Essa, dopo avere indagato con scrupolo per mesi, compila una serie di relazioni davvero angosciate e allarmanti in cui si denunciano, con nomi e cognomi, coloro che hanno contribuito allo sfacelo del primo e del secondo polmone verde di Bagheria per favorire quelli che a Roma si chiamano "palazzinari", con la complicità a volte sfacciata, a volte sorniona e nascosta degli uomini del governo locale: sindaci, consiglieri comunali, assessori, tecnici eccetera.

"L'Amministrazione comunale", scrive Rosario La Duca, uno dei più attenti osservatori delle cose siciliane, "ha volutamente ignorato gli strumenti di legge che erano predisposti nel tempo, ha favorito la speculazione privata, ha dato un eclatante esempio di malcostume politico e di corruzione [...] Dopo villa Butera, il massacro urbanistico di Bagheria prosegue senza pietà... l'Amministrazione oggi, con questa inchiesta, viene chiamata a rispondere di fronte alla magistratura di gravi imputazioni che emergono dai risultati dei lavori di una commissione d'inchiesta scrupolosa e vigile."

Qualcuno ha accusato Francesco Alliata di essere coinvolto anche lui e di avere partecipato, attraverso sua zia e sua cugina Marianna Alliata, alla svendita del "polmone verde". "Ma se anche i miei congiunti furono colpevoli", risponde saviamente lui, "era comunque dovere di una Amministrazione comunale seria e responsabile impedirlo in quanto custode ed esecutore per legge dei vincoli imposti dallo Stato."

Ho avuto fra le mani, grazie all'amicizia di una delle persone più oneste, amabili e intelligenti di Bagheria, il professor Antonio Morreale, appassionato studioso della storia di Sicilia, le relazioni della Commissione di inchiesta sull'attività dell'Assessorato ai Lavori Pubblici del Comune di Bagheria fatte nel 1965.

A leggere queste carte si rimane stupefatti dalla sfacciata arroganza, dalla sicurezza dell'impunità che accompagna le azioni di questi amministratori comunali senza scrupoli e senza vergogna.

"La manipolazione più grande dei terreni vincolati di Bagheria", raccontano i commissari, "avviene nel luglio del '63." Il personaggio che sbuca appena qualche pagina più avanti e che continuerà ad apparire dietro ogni contratto ambiguo, dietro ogni progetto, ogni lottizzazione è un altro, un certo ingegner Nicolò Giammanco. Un protagonista oscuro, minaccioso, tenace, che riesce, con le buone e con le cattive, a costringere tutti al suo volere. Ha qualcosa del demone, ma di un demone "meschino", molto simile al personaggio segreto e infelice di Sologub.

Vengono interrogati i consiglieri comunali, i sindaci, ma nessuno sa niente, né ricorda niente. Altri si rifiutano perfino di andare a rispondere. Si barricano in casa, si danno malati, o sono "partiti".

Uno dei segretari del Comune dichiara candidamente "di non ricordare di avere mai partecipato a una riunione della Giunta nel corso della quale si sarebbe discusso del prezzo concordato per l'area su cui sorge la scuola, nonché sull'ampliamento della zona da edificare al di là del limite segnato dal piano di fabbricazione. E soggiunge che probabilmente di questi argomenti si parlava dopo che gli argomenti regolarmente iscritti all'ordine del giorno erano stati esauriti ed egli di conseguenza si allontanava".

Ma dove andava? nel corridoio "a fumare una sigaretta"? o si chiudeva nel cesso aspettando che finissero di manomettere il piano approvato dai consiglieri, oppure se ne andava a casa? Questo non è detto nelle carte dei commissari.

"Il fatto", dichiara il segretario comunale, "avveniva spesso e ricordo che tutte le volte che in Giunta venivano discussi argomenti relativi ai Lavori Pubblici la Giunta chiamava ad assistervi un funzionario dell'Ufficio Tecnico e che questo funzionario era quasi sempre l'ingegner Giammanco."

Il sindaco, a sua volta interrogato, dice di non saperne niente. Tutti cascano dalle nuvole quasi che la Giunta fosse fatta di soli corpi vuoti, i cui cervelli e le cui memorie rimanevano fuori della porta.

Ci sono dei fatti, fra quelli raccontati dalla Commissione, che sfiorano il grottesco e farebbero ridere se non ci fosse da piangere per i risultati che ne sono seguiti, di impoverimento ai danni dei cittadini di Bagheria, di rovina delle bellezze e quindi delle ricchezze del paese, di distruzioni architettoniche e ambientali.

Il Comune, tanto per dirne una, concede a un dato momento il permesso di costruire un liceo, in piena zona vincolata, a una certa ditta Barone. La ditta comincia a buttare giù alberi antichi. Scava e butta cemento. Dopo qualche mese il Comune "si accorge" che i lavori non possono più andare avanti perché la zona è vincolata e per legge non vi si possono costruire edifici né pubblici né privati.

La ditta Barone giustamente chiede i danni.

I magistrati danno ragione alla ditta e il Comune è chiamato a pagare poiché, "pur conoscendo e dovendo conoscere il vincolo di cui sopra, contrattò con il Barone in condizioni tali da rendere quanto meno prevedibile l'intervento delle competenti autorità per il rispetto del vincolo con la conseguente necessità di sospendere i lavori già iniziati e di rimaneggiare il progetto".

Ma tutti sanno che è un incidente di percorso, non grave, che si troverà un rimedio alla pretesa della giustizia. Qualche intimidazione, qualche erogazione di denaro nero e i lavori ricominciano ben presto. In piena zona vincolata, senza il permesso della Soprintendenza vengono piantate le fondamenta di mostruose costruzioni a dieci piani. E i progetti sono regolarmente approvati da Assessori, Commissioni edili, Uffici Tecnici del Comune.

In ognuno di questi progetti si trova però lo zampino dell'ingegner Giammanco. La Commissione addirittura ha scoperto che "da un sopralluogo effettuato nella zona risulta che una parte della strada è recintata con la proprietà dell'ingegner Nicolò Giammanco".

Il quale Giammanco intanto è diventato amico della principessa Alliata e con lei progetta un'altra sede di lotti "a monte della via Seconda malgrado il vincolo esistente dalla stessa Alliata portato a conoscenza del Comune in una lettera del 24.8.57".

La Commissione scopre che spesso i permessi dell'Ufficio Tecnico, che è diretto dall'ingegner Trovato, vengono scritti di pugno dall'ingegner Giammanco e poi firmati dal suo capo. Inoltre "tutte le pratiche risultano incomplete: il rilascio delle licenze è irregolare, mancano i visti della Soprintendenza, manca il deposito in Prefettura dei calcoli in C.A. [Cemento Armato], mancano tracce delle riunioni regolari della C.E. [Commissione Edilizia], manca il pagamento dei contributi dovuti per la Cassa di Provvidenza Ingegneri e Architetti".

Tutti i contratti con privati risultano essere stati scritti alla presenza del notaio Di Liberto Di Chiara di Bagheria, "assistito dal professionista Nicolò Giammanco che è indicato dagli stessi come 'consulente tecnico'".

Quindi un controllo totale della situazione speculativa delle aree vincolate.

"Alcuni di questi lotti risultano inoltre acquistati dallo stesso ingegner Giammanco."

La Soprintendenza, messa all'erta dalle relazioni della Commissione (ma possibile che non se ne fosse accorta prima?), dichiara che non darà mai il permesso di costruire nelle zone vincolate. Ma nessuno evidentemente tiene conto delle dichiarazioni della Soprintendenza, poiché le "Amministrazioni comunali proprio in quel periodo autorizzavano la nuova lottizzazione sulla strada Seconda e lasciavano che si costruissero nuovi palazzi in zona verde".

Insomma le relazioni della Commissione, come le parole della Soprintendenza sono rimaste lettera morta. I lavori hanno continuato a imperversare, e i due polmoni verdi di Bagheria sono stati "mangiati in due bocconi". Al loro posto abbiamo una scuola elementare tirata su in un deserto di terra e fango, un liceo che non è mai stato finito e, per di più, un mare di case nuove, affastellate in dispregio di ogni regola architettonica e urbanistica.

Alla fine, quando le carte della Commissione sono state rese pubbliche e se ne è parlato anche sui giornali, anziché punire i colpevoli e riparare (nei limiti del possibile) ai danni fatti, si è risolto tutto con una sanatoria, un condono che mandava assolti gli speculatori con una piccola multa. Per la precisione: il signor Nicolò Giammanco è stato prosciolto nel '73 dalle accuse di interessi privati in atti di ufficio e falsità ideologica per amnistia e per insufficienza di prove e, nel '75, avendo lui ricorso in Appello, il suo caso è stato giudicato "inammissibile" e il signor Giammanco è stato condannato a pagare le spese di giudizio.

In questo modo le straordinarie ville settecentesche di Bagheria, che sono fra le più preziose ricchezze della Sicilia, sono state private dei loro contorni, rimanendo lì, in mezzo alle case, come testimoni intirizziti e malmenati di un passato che si ha fretta di distruggere.

Basti pensare ai famosi mostri in pietra arenaria della villa Palagonia, tanto originali e stravaganti da avere chiamato, ad ammirarli, a fotografarli, a scriverne, gente da tutto il mondo. Ma mentre una volta questi capolavori del grottesco barocco si stagliavano elegantemente contro il cielo, oggi sono come inghiottiti da una cortina di case, di appartamenti arrampicati gli uni sugli altri disordinatamente.

Ho chiesto al professor Nino Morreale se oggi l'atmosfera a Bagheria è cambiata. E lui mi ha risposto: «Finché un magistrato non si deciderà a studiare a fondo gli atti dell'amministrazione di Bagheria, e finché tutto rimane affidato alla buona volontà dei pochi cittadini che si prendono questa briga, non ci sono molte possibilità di cambiamento».

Queste fotografie delle ville di Bagheria sono state fatte probabilmente con una vecchia Leica, come quella che usava mio padre. Il mirino che sporge come un piccolo cannocchiale, il corpo metallico chiaro con le rifiniture in ferro nero, una vestina di pelle butterata. Esposizione, velocità, distanza. Ogni cosa si regolava a mano e le foto risultavano precise, col disegno in bianco e nero nitido e pulito, come una incisione a punta secca.

Grande fotografo, occhio di lince, la cosa curiosa di mio padre è che, pur avendo tante capacità, non ha mai voluto insegnarmi niente. O forse sì, quando ero proprio una bambina di quattro o cinque anni, un giorno mi fece capire il principio della moltiplicazione e della somma.

Ma quando si è trattato di imparare a nuotare mi ha semplicemente buttata in mare dicendo: «Nuota». E in montagna mi ha detto: «Cammina» e sulla neve, che pure lui conosceva così bene, mi ha detto: «Vai, scendi». Solo che per sciare occorre un poco di conoscenza tecnica, e quella l'ho imparata da grande, per conto mio, pagando un maestro.

C'era fra noi un pudore curioso, qualcosa di mai detto che improntava i nostri rapporti da "compagni". Così lui li aveva impostati. Come se non ci fossero differenze di età fra di noi, come se insieme decidessimo il sabato mattina di andare a fare una gita in montagna di sei ore, una vogata in mare, sotto il sole, di quattro ore, una nuotata nelle acque gelide del fiume, di un'ora.

L'esempio doveva bastare. E a volte bastava, anche se presumevo delle mie forze. Mi buttavo e facevo del mio meglio per stare a galla. Una volta mia madre gli diede uno schiaffo che lui non ricambiò, quando mi riportò a casa da una gita in montagna che era durata sette ore, nel gelo e io avevo la febbre alta e le labbra violette, i piedi quasi congelati.

Un'altra volta, invece, gli ho salvato la vita. Lui doveva partire la mattina presto per una gita in montagna con degli amici. Ma io stavo male, sembravo in delirio. Lui disse ai suoi amici di andare avanti che lui li avrebbe raggiunti un giorno dopo. Gli amici sono partiti, sono stati travolti da una slavina e sono morti tutti.

Fra noi doveva esserci solidarietà prima di tutto. Un che di cameratesco e spavaldo. Una esaltante fronda alle regole del buon senso familiare. Come due compagni di viaggio, due sportivi, due amici per la pelle, dovevamo intenderci con un solo sguardo. Le parole erano di troppo e infatti parlavamo pochissimo.

Con me rideva, correva, giocava, facevamo gli esploratori, ma sul serio, aprendoci la strada in mezzo alle foreste, risalendo i fiumi, affrontando il mare rischioso. Ma non parlava. Come se nelle parole ci fosse qualcosa di limitativo e di volgare. O per lo meno nel pronunciarle ad alta voce. Perché il pensiero era considerato "nobile". E la scrittura nobilissima. Infatti lui scriveva, come aveva scritto sua madre, mia nonna, la bellissima Yoi, mezza inglese e mezza polacca che aveva fatto innamorare di sé tanti uomini del suo tempo.

Era lecito scrivere, non parlare, ecco il comandamento non pronunciato che vigeva fra di noi. E io stavo alle regole. Che facevo mie con tutto l'amore di cui ero capace. Ma scrivere cosa?

In vita sua mio padre non è mai uscito dalla scrittura etnografica. I suoi sono libri dalla impostazione scientifica. Di quella scienza che lui amava di più, che sta in bilico fra l'antico umanesimo e la nuova tecnologia. Una scrittura che è osservazione e analisi, nello stesso momento in cui è invenzione e racconto.

Mentre io avrei scelto l'affabulazione pura, fuori da ogni pretesa scientifica, che non fosse la scienza stessa della scrittura.

Ho cominciato con lo scrivere poesie, che riguardavano tutte lui. E poi, con fatica, il mio sguardo si è spostato verso altre teste, altri odori, altre nuche, altri sorrisi. Ma con che riluttanza! Quasi che il mondo si esaurisse in quel suo camminare ciondolante e deciso, in quel suo tossire imbarazzato, in quel suo partire di prima mattina verso il futuro che era lontano e sconosciuto e assolutamente mirabile.

Andavo leggendo tutti i libri di poesia su cui riuscivo a mettere le mani. Ricordo una edizione di Baudelaire dalla copertina di tela azzurrina e la costola rotta che io riattaccavo, ogni volta che si rompeva, con la colla di farina.

"J'ai longtemps habité sous des spacieux portiques"... Ma ora ricordo che questo verso lo ripeteva sempre Alberto, l'altro padre-figlio, compagno di viaggi che ho amato nella mia vita.

Ricordo le traduzioni dei lirici greci fatte da Quasimodo. E i versi di Emily Dickinson che mi ripetevo in inglese, a voce bassa, cercando di carpire il segreto di quel ritmo di ballo lento, succoso, solenne ma anche bizzoso e imprevedibile, quasi che in mezzo a una processione con tanto di ceri e stendardi si fosse messa a fare le capriole la mite Emily sempre vestita di bianco.

Capivo che la poesia non era molto diversa da quei rompicapi di geometria che la prima volta mi lasciavano la bocca amara. Invece poi, nello scoprirne i meccanismi nascosti, ero presa da una euforia senza nome.

Era la divisione inaspettata dello spazio, le regole che questa divisione si dava, il suo sottrarsi e moltiplicarsi sotto gli occhi stupiti, dentro misure che combaciavano perfettamente.

Era questa sorpresa formale che mi prendeva alla gola. Perché una parola può suscitare allegria, ilarità, pace, se composta con un'altra parola in un modo che ogni volta è diverso e imprevedibile nonostante il loro stare dentro le regole convenzionali del linguaggio?

A mio padre non ho mai chiesto niente che riguardasse la scrittura. Mi sembrava che il suo essere lì, seduto al tavolo, con la schiena rivolta alla porta che pretendeva sempre chiusa, il suo chiedere ostinatamente silenzio fossero una risposta di estrema serietà e rigore professionale.

Erano anni in cui confondevo i sogni con la realtà. Facevo dei sogni precisi e lucidi che era difficile distinguere dalle cose di tutti i giorni. Erano per lo più sogni di viaggi, di avventure, di accadimenti straordinari in cui mi crogiolavo con lo spirito di una piccola Alice pronta a precipitare nel pozzo buio pur di scoprire qualcosa di nuovo e divertente.

Sognavo anche di volare. Per quanto soffrissi di vertigini, questo mio volare da un tetto all'altro, come una rondine affannata, mi dava strizze di paura e di piacere.

Sognavo che mio padre, le rare volte che tornava a Bagheria, mi portava con lui dentro la bocca della balena di Pinocchio dove avremmo letto insieme dei libri e bevuto del vino seduti a un tavolo che traballava sulla lingua rasposa del cetaceo mentre da fuori ci raggiungevano gli spruzzi marini. Questa scena, è inutile dirlo, stava nel mio libro di Collodi e mi piaceva proprio per quel tanto di marino, di casalingo, di consuetudini familiari che conteneva, anche se la situazione, all'interno del ventre della balena, era decisamente stravagante. In qualche modo avrei voluto che lui fosse mio figlio per poterlo tenere chiuso nel ventre anziché vederlo sempre ripartire per luoghi lontani e difficili da immaginare.

"Nel 1400 a Bagheria si ebbe una sensibile trasformazione agraria", scrive il diligente Girgenti. "Venne incrementata la coltivazione dell'ulivo, dei vigneti e della canna da zucchero. Nel 1468 Pietro Speciale ottenne dal re la baronia di Ficarazzi in censo. Egli, insieme a Ludovico Del Campo e Umbertino Imperatore iniziarono la coltivazione della canna da zucchero nella plaga irrigabile dell'Eleuterio e impiantarono una zuccheriera [sic] a scopo industriale nel castello che aveva commissionato lo stesso Speciale."

Da qui il gusto per gli "sfizi" di zucchero a Bagheria. Di cui le monache hanno conservato per secoli l'arte. Il trionfo di gola, di cui si ragionava a lungo nel campo di concentramento in Giappone e che alla mia immaginazione bambina appariva come una delle meraviglie del paradiso perduto. «Una montagnola verde fatta di gelatina di pistacchio, mescolata alle arance candite, alla ricotta dolce, all'uvetta e ai pezzi di cioccolata», diceva mia madre che aveva le gambe paralizzate per il beri-beri, malattia della denutrizione, ma non aveva perso il grande coraggio con cui affrontava lo "sciopero della fame" o i turni notturni per ascoltare di nascosto la radio delle guardie. «Si squaglia in bocca come una nuvola spandendo profumi intensi e stupefacenti. È come mangiarsi un paesaggio montano, con tutti i suoi boschi, i suoi fiumi, i suoi prati; un paesaggio reso leggero e friabile da una bambagia luminosa che lo contiene e lo trasforma, da gioia degli occhi a gioia della lingua. Si trattiene il respiro e ci si bea di quello straordinario pezzo di mondo zuccherino che si ha il pregio di tenere sospeso sulla lingua come il dono più prezioso degli dei. Naturalmente non se ne può mangiare più di un cucchiaino; se no ci si stucca mortalmente.»

Ancora oggi a Bagheria si fanno dei gelati squisiti: piccoli fiori di cioccolata ripieni di pasta gelata molle e profumata, al gelsomino, alla menta, alla fragola, al cocco. Per non parlare del più tradizionale "gelo di mellone" che non è un gelato come sembra ma una gelatina di cocomero dal colore corallino, disseminata di semi di cioccolata. E che dire del "gelato di campagna" che è una specie di torrone di zucchero dai colori delicati, il cui gusto al pistacchio si mescola a quello della mandorla e della vaniglia?

L'ultima volta che ho mangiato i dolci di Bagheria ero in visita a villa Valguarnera, dalla zia Saretta che poi è morta lasciando la villa e tutte le sue ricchezze ai gesuiti con grande dispiacere degli eredi di sangue. I quali hanno infatti subito impugnato il testamento. I gesuiti, molto saggiamente, hanno pensato che una villa così monumentale e difficile da mantenere avrebbe procurato più grane che altro, più spese che comodità e se ne sono lavate le mani. Nel frattempo i ladri sono entrati e hanno portato via tutto, perfino le statue del giardino.

A mia madre, che pure era figlia del primo dei fratelli Alliata, non è toccato niente, perché la nonna Sonia si era venduta ogni cosa prima di morire. A ottant'anni, aveva stipulato una permuta: un vitalizio in cambio della sua parte di villa dopo la sua morte. E quando è morta, la zia Saretta si è presa tutto.

Ora sono contenta di averla visitata l'ultima volta poco prima che morisse, la zia Saretta. Oggi non potrei più entrarci nella vecchia villa di famiglia. E poi quando l'ho vista io, c'erano ancora tutti i mobili e i quadri che poi sono stati rubati, compreso il ritratto di Marianna importantissimo per il mio futuro letterario.

Avevo telefonato alla zia Saretta chiedendole di poterla vedere. E lei, a malincuore mi aveva detto: «Vieni pure, se ci tieni». Ma sapevo che non mi amava. Lei, cattolica di rigore, monarchica, conservatrice, mi vedeva come un prodotto spurio della famiglia, un ramo degenere, una escrescenza maligna, se non proprio da estirpare, per lo meno da ignorare.

Ci sono andata con una mia amica di infanzia che era stata ospite, anni prima, della ex stalla dove abbiamo abitato venendo dal Giappone.

Il cancello di ferro con lo stemma degli Alliata Valguarnera era chiuso. Ho provato a chiamare. La portineria era vuota. Ho spinto la parte bassa del cancello che ha ceduto. Sono entrata sul viale. L'abitazione dei guardiani era lì, buia e sprangata.

Quando ero piccola, quella porta era sempre aperta e sulla soglia stava seduta, come una parca intenta a cucire il filo della vita, la buona e generosa Innocenza, il corpo grasso e sfatto, un sorriso sempre pronto sulle labbra, i denti gialli e rotti, un paio di occhiali a stanghetta tenuti legati dietro alle orecchie con uno spago. Mi pare ancora di sentire l'odore del suo grembiule che sapeva di pesce fritto, di basilico fresco, di caffè, di sapone, di pomodoro conservato.

Cuciva tutto il giorno, la grassa Innocenza e teneva d'occhio il cancello. Quando qualcuno arrivava, chiedeva cosa volesse; ma lo faceva senza assumere una vera aria inquisitoria, come fanno molti portieri. Si portava una mano alla fronte come per ripararsi dal sole che non arrivava mai sulla soglia coperta da una tettoia, sorrideva e faceva un cenno di assenso col capo. Se arrivava una macchina si alzava, faticosamente, posava il cucito e andava ad aprire spingendo le due pesanti grate con tutto il corpo.

Non avevo più pensato a lei per anni, ma aprendo il cancello ho sentito improvvisamente la sua mancanza. Era stata una presenza benigna, una parca buona, che sapevo avrebbe

cucito e ricucito i fili del mio destino, attorci-
gliandoli, dividendoli, annodandoli per farli
durare a lungo e felicemente. Sentivo il suo
sguardo indulgente sulla schiena mentre mi av-
viavo verso la scuola di prima mattina. Sapevo
di potere affrontare una mattinata di noie con
l'aiuto di quello sguardo che mi portavo sulla
schiena come una gobba protettiva.

Quando tornavo accaldata, verso le due, le
portavo in regalo un cartoccio di càlia (ceci ab-
brustoliti, dal sapore gioioso della notte) da cui
lei pescava qualche seme lasciando il resto a
me.

Conosceva tutti i pettegolezzi del paese, ma
non era maligna, anzi cercava di rimediare a
tutte le gelosie, a tutte le invidie, mettendo una
mezza parola di qua, una allusione benevola di
là. Sempre disposta a vedere il bene nascosto
fra i mali come un fico maturo e succoso in
mezzo alle pale spinose e impolverate della
convivenza quotidiana.

Era lei che mi raccontava di Fila che si era
fatta "mettere gravida" a quindici anni dal co-
gnato. E di come i fratelli di lei avessero deciso, a freddo, di ucciderlo a meno che lui non
se la fosse presa e subito, "rimediando al fatto".

Era lei che mi riferiva di quel tale ragazzino

di undici anni che aveva visto qualcosa che non doveva vedere e una mattina lo avevano preso, legato, accecato con un coltello per scannare i maiali e poi lo avevano rimandato a casa legato come un salame e grondante di sangue.

E di quell'altro, don Peppinuzzu lo "sciacquatunazzu" (sciacquato vuol dire bello) che aveva detto qualcosa che non doveva dire e così era stato ucciso a pallettoni, poi gli avevano tagliato "i cogghiuni" e glieli avevano messi in bocca. Così l'aveva trovato la madre, "meschinedda", andando al campo la mattina, sotto un gelso.

Di mafia non si parlava mai, allora. Tutti sapevano che esisteva una forza maligna capace di imporre la sua volontà col coltello e il fucile. Ma chi stringesse quel coltello e chi imbracciasse quel fucile era difficile dirlo. D'altronde, per chi lo sapeva, era meglio fare finta di non averlo mai saputo.

I maggiorenti del paese, i signori che giravano per i marciapiedi in giacca di pigiama col cappello a falde larghe in testa, negavano che esistesse questa mafia. E quando pronunciavano la parola piegavano le labbra in giù, come per sputare. Portavano le mani all'aria e dicevano, ridacchiando: «Favole sunnu, roba per turisti». E con questo il paese si richiudeva sulla sua vita quotidiana fatta di soprusi, di sofferenze, di torti subiti in silenzio, di cose taciute e mai dette, come se fosse il più felice dei paesi.

Qualche volta Innocenza appoggiava sul tavolo il suo cucito, trascinava la sedia sul terrazzino e spidocchiava la nipotina, Carmelina, schiacciando con serietà professionale le cimici, fra le unghie dei due pollici. E se arrivava una macchina o una carrozza, abbandonava la nipotina e andava ad aprire con le dita macchiate di sangue, il sorriso sempre pronto, gli occhi curiosi e avidi, da vecchia guardiana che veglia su chi entra e su chi esce dalla vita e dalla morte, dalla notte e dal giorno.

Innocenza non c'è più. Immagino che sia morta. Era già vecchia quando io avevo dieci anni. Al suo posto c'è una porta sprangata. Provo a spingerla. Cede sotto la mia mano e si apre su un vuoto nero. Lì, scendendo due gradini, ci si trovava davanti una enorme credenza scura in cui stavano stipati i piatti dai disegni fiorati, i bicchieri dal collo lungo e il bordino d'oro che si usavano solo nelle occasioni importanti, come un matrimonio o una cresima. Lungo i bordi, fra il vetro e lo stipite di legno c'erano infilate delle fotografie: una del figlio morto in guerra, una della madre, una figuretta snella dagli occhi di falco, dentro un ovale sfumato come li faceva il fotografo del paese, una della figlia andata sposa da poco.

Con la mia amica d'infanzia Bice Pasqualino, siamo salite a piedi su per il viale che porta alla villa, lasciando la macchina fuori dal cancello. Il viale è in salita, prima procede dritto e poi improvvisamente fa una curva, passa sotto una terrazza sostenuta da alte arcate e riprende fra due file di tamerici, in mezzo a cui si alza qualche alberello stento del cosiddetto scopazzo.

Gli oleandri grandi e del colore struggente del sole al tramonto che vedevo la mattina andando a scuola, sono spariti, non so perché. D'altronde qui tutto viene cancellato dall'indifferenza e dall'empietà.

Ed ecco che, dopo avere camminato per un

altro centinaio di metri, alzando gli occhi, ci si trova improvvisamente davanti la villa Valguarnera in tutta la sua bellezza. Un corpo centrale a due piani, con un seguito di finestre, vere e finte, che scorrono seguendo un ritmo giocoso e severo. Dal corpo centrale partono due ali piegate in modo da formare un semicerchio perfetto. Una volta le ali erano fatte di archi che si susseguivano con un ritmo spericolato, lievissimo. Questo, ai tempi di Marianna Valguarnera che trasformò la "casena" da caccia del padre in una villa. E parlo dei primi del Settecento. Poi gli archi sono stati murati per farne delle stalle, dei pollai e in seguito degli appartamenti e dei garage.

Al centro del corpo centrale un viluppo di scale, che si protendono ad arco, salgono verso il primo piano con una voluta elegante, dando leggerezza e plasticità alla intera facciata. Le due ali laterali stringono in un abbraccio gentile un cortile che, nella sua perfetta simmetria, suggerisce l'idea di una sala da concerto.

Le proporzioni sono di una armonia studiata e felice, rivelano quel gusto del teatro e della geometria che era tipico del secolo dei lumi. Anche se i lumi, in Sicilia, sono sempre stati velati e appesantiti da trine, merletti, copertine traforate, garze e drappi che ne attenuavano l'intensità in nome della bellezza e della discrezione.

Molte delle finestre che danno sulle due ali sono finte, dipinte sulla parete, con le loro ante, i loro vetri semiaperti, le loro figure in contemplazione, secondo l'uso barocco del trompe-l'oeil. Il quale non è altro che piacere della rappresentazione. Come a dire che l'esterno delle case inventa un interno, forse non vero, forse solo immaginato, ma probabilmente più reale e più affascinante di quello che sta al di là della parete. Una realtà forse solo fantastica, ma quanto più corposa di quella interna, immiserita dalle solite piattezze della vita quotidiana. Ribadendo che ogni rappresentazione, in quanto tale, contiene in sé delle verità che la verità conclamata non dice, non svela. Da lì quella maliziosa eleganza, quell'allusivo sorridere a pensieri stravaganti, a sogni impossibili, a metamorfosi inquietanti.

Sul letto, dentro un ovale di terracotta, ecco lei, Marianna Alliata Valguarnera, in una visione idealizzata, mezza dea, mezza scriba sapiente, avvolta nelle pieghe di un vestito regale. Il ritratto è percorso per lungo da una profonda crepa. Si racconta in famiglia che fu la regina Maria Luisa, moglie di re Ferdinando, a volerla spezzare quando era venuta ad abitare nella villa per qualche giorno durante il suo esilio da Napoli.

In quella Napoli disperata che aveva fatto la sua piccola "rivoluzione giacobina" e aveva messo al posto di san Gennaro un albero della libertà con tanto di bandiere francesi e italiane che sbattevano al sole.

Su quella Napoli giacobina ho lavorato con i pensieri e con la penna per tirarne fuori un testo teatrale. Personaggio centrale: Eleonora Fonseca Pimentel, prima bibliotecaria della regina Carolina, appunto, e poi scatenata "giacubina", che scriveva gli articoli sul "Monitore" per spingere le folle della sua città alla rivolta contro i Borboni, che faceva i comizi in mezzo alle strade, tirandosi su con disinvoltura la gonna sulle scarpette di vernice, parlando in dialetto per farsi capire da tutti.

La giacobina Eleonora è stata a lungo la confidente della regina Carolina, la quale è stata confidente per qualche tempo di una mia lontana ava in quella villa dove ora io torno, col mio carico di curiosità e di domande, avendo scritto un testo teatrale su quella stessa bibliotecaria che poi sarà impiccata nella piazza della Vicaria.

> A signora donna Lionora
> che cantava 'n coppa o criato
> mo' balla miezzo o mercato
> viva viva lu papa santo
> ch'à mannato li cannuncini...
> pe scaccià li giacubini...

Lungo i bordi del tetto di villa Valguarnera si alzano delle statue che sfidano con i loro gesti graziosi e teatrali il cielo sempre lucido e setoso di Bagheria. Dei putti armati di frecce, delle Veneri più grandi di una persona, dei Nettuni, dei Centauri che, visti dal cortile, assumono l'aria di immobili e incombenti divinità protettive.

Proprio mentre ci dirigevamo verso la scala, si è aperta una porta ed è apparsa la zia Saretta: la pelle coperta di macchie brune, una collana d'ambra dai chicchi grandi come noci appesa al collo magro, un sorriso freddamente gentile sulle labbra dipinte di rosso. Non si sarebbe detto, a guardarla, che fosse così devota da lasciare l'intera sua proprietà ai gesuiti.

"Non ha niente degli Alliata", mi è venuto da pensare come se improvvisamente mi interessassi alle questioni di sangue che ho sempre disprezzato. Per anni, addirittura, ho cancellato dalla mia vita quelle parentele, considerandole tanto lontane da me da non poterne tenere conto. Mi vergognavo di appartenere, per parte di madre, a una famiglia così antica e nobile. Non veniva proprio da loro, da quelle grandi famiglie avide, ipocrite, rapaci, gran parte del male dell'isola?

Odiavo la loro incapacità atavica di cambiare, di vedere la verità, di capire gli altri, di farsi da parte, di agire con umiltà. E la sola idea di dividere qualcosa con loro, fosse solo una involontaria somiglianza, mi disgustava.

Eppure mio nonno era così lontano dallo stereotipo del nobile presuntuoso e arrogante da farmi pensare di essere stata ingiusta, forse per giovanili innamoramenti ideologici, con lui. È sempre limitativo e stupido cacciare le persone dentro una categoria, che sia una classe o un sesso. Non fare i conti con l'imprevedibile è da citrulli. E citrulla è l'idea di un mondo di uguali senza scarti, storie personali, particolari vicende e tracce di viaggi interiori senza meta e senza finalità decise in partenza.

"Per molti anni Enrico di Salaparuta si era interessato di teosofia e di antroposofia", scrive mia sorella Toni in un suo delizioso ritratto del nonno (che si trova come prefazione a un libretto di pensieri e aforismi pubblicato dalla Semar editore), "aveva viaggiato in Svizzera e in Olanda, si era procurato i principali testi, ne aveva discusso con l'amico siciliano cosmopolita Tom Virzì e con coloro che, in Sicilia, si riunivano in cenacoli e gruppi [...]. Per avere una idea di quanto ben fornita fosse la biblioteca di coloro che in Sicilia si interessavano a tali argomenti ricordiamo che le principali opere di Rudolf Steiner, di Annie Besant, di Allen Kardec furono pubblicate a Catania e a Palermo tra il 1900 e il 1930. [...] Semplice nel vestire, nei modi e nel parlare, animato dagli ideali libertari e democratici, Enrico era molto amato. Paradossalmente, benché contrario ad ogni idealizzazione, alla fine della propria vita, sarà considerato a Casteldaccia alla stregua di un santo. E ciò non tanto per le qualità – che potevano sembrare eccentriche, – di naturista, vegetariano, pacifista opposto ad ogni forma di clericalismo, di autoritarismo, e di pregiudizio – ma piuttosto per l'esempio che forniva con il proprio lavoro quotidiano condotto in semplicità e saggezza."

La zia Saretta veniva da una famiglia nobile calabrese e aveva sposato il figlio di un fratello del nonno Enrico. Aveva, anzi, ha una sorella, che si è sposata con un altro zio Alliata. Quindi due fratelli sposati a due sorelle. La prima non ha avuto figli, la seconda ha avuto una figlia che poi, crescendo, ha mostrato curiosità e voglie di testa; ora scrive libri coraggiosi e appassionati sul mondo arabo. Ma pochi o quasi nessuno i figli maschi. Come se la grande famiglia ricca di figli maschi e femmine, solo poche generazioni fa, fosse ora posseduta da una notturna volontà di estinzione.

Il nonno Enrico, l'avevo visto che era già morente tornando dal Giappone. Non ricordo quasi niente di lui, salvo un letto in penombra e il profumo fresco dei fiori mescolato a quello delle medicine, due occhi stanchi e semichiusi molto dolci.

Mi piace guardarlo, invece, nella fotografia che mi ha regalato mia madre, di quando aveva una ventina di anni e si era travestito per una festa in costume. Aveva messo un abito da gentiluomo del Settecento con le braghe al ginocchio damascate e una sciamberga lucente dai ricami fastosi. Al collo uno jabot sprizzante di merletti morbidi. In testa un tricorno con delle piume bianche; ai piedi delle scarpe leggere ornate da una fibbia d'argento. Da una apertura della giubba, all'altezza della vita, appare uno spadino di cui si vede solo l'elsa di metallo martellato. Sotto i piedi un tappeto dai disegni pastorali e, dietro, una finestra con delle tende ricamate.

Così acconciato il nonno Enrico alza gli occhi sulla macchina fotografica con l'aria di chi conosce la propria bellezza ma non la prende troppo sul serio. Dal breve scorcio che si vede dalla finestra si direbbe che la fotografia è stata fatta proprio a villa Valguarnera. D'altronde alla villa c'era un teatro ed era tradizione della famiglia mettere su rappresentazioni musicali e teatrali. La zia Felicita (sorella del nonno Enrico) suonava il violino, Enrico cantava, sua moglie Sonia era un magnifico soprano, la zia Amalia "jouait du piano".

Tutto questo avveniva nei lontani ultimi anni del secolo scorso a Bagheria.

Nella foto il nonno Enrico porta i capelli lunghi, ricci e folti, spioventi sulle spalle. Quei capelli che mia madre ha ereditato da lui e io, a mia volta, ho ereditato da lei. Capelli che tendono a crescere senza forma, arruffati in un loro spericolato disordine.

Capelli da "selvaggia" come li chiamava una insegnante del collegio di Firenze dove sono stata rinchiusa tre lunghi anni nel dopoguerra per imparare a comportarmi "da signorina". Per quella insegnante dalle dita lunghe e bianche ogni cosa doveva essere "a modino", a cominciare dalle calze fino alla punta dei capelli. I miei venivano tirati su, strigliati, stretti in due trecce che pendevano mortificate e un po' ispide ai due lati delle orecchie.

Gli occhi del nonno Enrico sono del tutto simili a quelli di mia madre, grandi e azzurri, un po' persi e sognanti. Sono gli occhi di chi ha una tale antica consuetudine con i privilegi del suo mondo da essere arrivato a detestarli e a disprezzarli allegramente. Il naso, pure quello è uguale al naso materno: dritto, severo, con una gobba appena percettibile nel centro, le due alette delle narici morbide, sensuali. Due narici sensibilissime, un poco da cane, che possono sentire le persone e capire le cose dagli odori. La bocca dalle labbra grandi e ben disegnate: quelle invece non le ho ereditate dalla parte materna. La mia bocca ha il contorno sfumato ed è piccola, con qualcosa di indolenzito e pesto. Ora anche amaro e vizzo, pronto a sciogliersi in un sorriso remissivo e sconsolato.

Una dolcezza che sprofonda nei pozzi dell'inquietudine. Ho odiato la mia remissività che è un segno di insicurezza. Un sorriso, il mio, di resa di fronte a chi poteva scacciarmi con un gesto di noia, come faceva qualche volta mio padre, preso dalle sue avventure, dai suoi pensieri di libertino, dalle sue abitudini sportive e di giramondo. Un sorriso propiziatorio verso un mondo adulto offuscato le cui divinità sembravano essersi scatenate alla mia nascita per giocare pericolosamente col mio futuro.

Stavano a vedere, queste divinità imperscrutabili, fino a dove poteva arrivare la mia sopportazione. Sempre in bilico fra un panico profondo che mi agitava senza senso e una calma glaciale che veniva a sostenermi di fronte al pericolo.

Loro se ne stavano lì in alto, appollaiate come dei colombi d'oro. Grandi dei, scesi a cercare chi li ospitasse. Ma non avevano trovato nessuno che li volesse in casa. E così si erano accampati presso la più scalcagnata, la più sciagurata delle creature, Shen-Te, quell'anima cedevole di She-tzuan, come racconta Brecht, che, avendoli affettuosamente ospitati in casa, aveva ricevuto in dono una tabaccheria. Lì era stata raggiunta da congiunti e amici poveri che, tutti, volevano condividere il suo benessere. Tanto da ridurla al fallimento. E qui il buon senso le fa inventare il suo doppio: Shui-Ta, il quale l'aiuta a cavarsi dagli impicci. Ecco, io mi chiedo quando imparerò a sdoppiarmi così bene come quell'anima buona di She-tzuan.

Questa cedevolezza credo proprio di averla presa tutta dalla parte Alliata. Guardando indietro, infatti, trovo fra nonni, zii, bisnonni e bisnonne tutte persone miti e pacifiche, che avevano la tendenza a maritarsi con donne e uomini dal temperamento autoritario che finivano per metterli sotto i piedi. E loro fuggivano nei sogni.

I trisavoli, secondo quanto racconta la zia Felicita, nel suo grazioso libro *Cose che furono* (che ho tenuto sprezzantemente in un canto per anni), erano degli aristocratici vecchia maniera, lenti, miti e conservatori. Ma pure un poco di fronda era entrata, negli ultimi secoli, nelle loro vite signorili.

"Mio nonno dimorava molto a Casteldaccia (il paese dove si distillava e si distilla ancora il vino Corvo di Salaparuta, inventato e battezzato dal padre del nonno Enrico) per i suoi affari agricoli e vinicoli. La sera, con mia nonna ricevevano le persone importanti del paese. La nonna cantava e suonava il grande pianoforte a coda davanti agli ospiti, tutti 'sbirri borbonici', e dentro la coda del pianoforte riposavano armi e munizioni [...] così vivevano allegramente essi tra i pericoli."

Zia Felicita non si è mai sposata. Si diceva in famiglia che aveva voluto tenersi fedele a un fidanzato morto anni prima, affondato con la sua nave in pieno oceano. Anche di lei ho una fotografia in costume del Settecento. Forse perché villa Valguarnera era stata costruita in quel secolo, forse perché il momento di massimo fulgore della famiglia Alliata aveva coinciso con la costruzione della villa, fatto sta che tutti i travestimenti si riferivano sempre al secolo dei tricorni e delle parrucche, dei codini e degli "spaduzzi", del teatro della Marina, della musica di Scarlatti e dei versi di Metastasio.

Erano tre le sorelle di mio nonno: Amalia la più bella, di cui si può vedere una fotografia nel libro di zia Felicita, vestita da dama medievale (una volta tanto un travestimento anomalo, chissà perché), Maria la seconda che suonava bene la viola e Felicita che conosceva l'arte del violino.

Insieme fecero parte di una orchestrina giovanile che suonò nel grande teatro Massimo di Palermo "davanti ai sovrani" come precisa la zia Felicita, "col maestro Giuseppe Mulé Lo

Monaco Sgadari che fu l'animatore della serata".

Giuseppe Lo Monaco Sgadari, detto Beppuzzu, ho avuto modo di conoscerlo anch'io. Doveva essere molto giovane ai tempi delle serate musicali al teatro Massimo. L'anno in cui suonarono le sorelle Alliata era il 1906. Quando l'ho conosciuto io, alla fine degli anni Cinquanta, teneva tavola imbandita nella sua bella casa vicino al porto di Palermo. Ma forse, ora che ci penso, si tratta del figlio perché non era poi così vecchio quando l'ho conosciuto.

Il Beppuzzo che ho conosciuto io, era famoso per i suoi libri, e per i suoi dischi, si diceva che ne avesse più di diecimila. La sua casa era meta di giovani studiosi di tutta la città, e lui era felice di trattenerli a pranzo e a cena. Purché amassero i libri e fossero dotti e giovani. Purché sapessero muoversi con disinvoltura fra sant'Agostino e Proust, fra Thomas Mann e Adorno. Adrian Leverkuhn era un suo idolo e tutti dovevano avere assaggiato l'acidulo di quella fenomenale intelligenza musicale e filosofica.

La sua collezione di dischi a settantotto giri era conosciuta in tutta la città e, dopo cena, si poteva conversare serenamente di grandi idee o di grandi libri, oppure si prendeva posto sui divani coperti di broccato e si ascoltava Mozart e Wagner. L'opera in genere era considerata "volgare". Verdi era un musicista da banda. Solo Mozart era tollerato come inventore di opere e un poco Wagner. Puccini era un "sentimentale", "roba da serve". La musica più amata e sezionata e discussa era quella dei quartetti e su quelli si discuteva per ore della sonorità, del "tessuto musicale", del canto, del ritmo, del timbro e della geometria.

Solo ogni tanto qualche ragazza, amica dei giovanotti in questione, veniva tollerata per una serata musicale, perfino per una cena a base di tonno farcito e *mousse au chocolat*. Una di queste ero io. Anche se in fatto di musica ero una ignorante. Ma coi libri me la cavavo abbastanza: non ero dietro a nessuno in fatto di letture. Avevo divorato, prima di loro, sia la *Montagna incantata* che *Giuseppe e i suoi fratelli* nelle edizioni della Medusa: la copertina verde con la testina e le due alucce. E sapevo chi era Becky Sharp e chi Nastasia Filippovna, avevo preso a cuore le sorti di Madame Bovary e potevo citare a memoria i pensieri di Bezuchov. Solo che ero timidissima e mai avrei saputo parlare in pubblico di ciò che pensavo.

Il mio spirito critico era ben poco sviluppato, fra l'altro. Sapevo amare le teorie più complicate, ma non avrei saputo spiegare il perché e il per come di quel piacere. Ascoltavo affascinata il vecchio Beppuzzo che teneva circolo sprofondato in una poltrona sgangherata, qualche volta in vestaglia da casa (pantaloni di velluto e giacca di seta) il cui bavero si copriva di briciole di tabacco che lui inalava dal naso appoggiando la polvere sul dorso della mano come si faceva ai tempi dei suoi bisnonni.

Intorno a lui si raccoglievano i ragazzi più dotati di Palermo: Francesco il dottissimo, Ernesto il bello, Giuseppe il loico, Giò l'arguto dal ciuffo ribaldo sulla fronte, Nino il seduttore che citava Molière, Antonio il fantasioso burattinaio; tutti giovanotti di grandi speranze che facevano dell'intelligenza una religione, si cibavano soltanto di cose prelibate, comprese le musiche e le poesie. Si giocava col "sublime" e qualche volta ci si convinceva di stare vivendo un'epoca d'oro che, saltando tutti i passaggi intermedi, si rifaceva niente di meno che ai circoli filosofici greci, i grandi passeggiatori dell'Agorà del pensiero, Socrate con i suoi affezionati dialogatori.

Gli orrori della vita quotidiana: la povertà,

gli intrighi politici, la brutalità delle "ammazzatine", rimanevano fuori della porta. Lì dentro si entrava togliendosi le scarpe come in un tempio della conoscenza e del piacere. Un piacere castissimo, che si consumava tutto nell'ambito di parole e cibi raffinati, di musiche divine e di citazioni greche e latine.

Quando Beppuzzo Lo Monaco è morto ha lasciato "una piccola cosuzza" per ognuno di quei giovanotti che avevano conversato con lui fra un piatto di pasta con le sarde e un soufflé di arancio e vaniglia.

Una volta li ho tutti invitati a Bagheria, a villa Valguarnera, a una festa, mi pare per un mio compleanno. C'era la luna piena e io mi ero fatta un vestito nuovo, bianco latte, di cui sentivo il sapore sulla lingua, come quando ero bambina e giudicavo i vestiti dai sapori che mi ispiravano.

Alcuni degli ospiti non sono venuti. Forse non avevo saputo fare bene gli inviti. Altri sono arrivati tardi, quando già la luna stava calando e i cibi si erano raffreddati. Poi si è alzato un vento inaspettato che ha cominciato a fare volare i tovaglioli, spazzando i piatti e rovesciando le tovaglie. Infine, qualcuno mi ha rovesciato addosso una tazzina di caffè rovinando il mio bel vestito bianco, per sempre. Poi, mi pare, qualcuno in famiglia, me lo tinse di marrone per non doverlo buttare. Solo così la macchia di caffè era diventata invisibile. Ma il sapore di quel vestito marrone era dolciastro e sgradevole. Non l'ho mai indossato.

Rileggendo il libro di zia Felicita mi accorgo che le dicerie che circolavano sul suo conto in famiglia lei le attribuiva a un'altra Felicita, anzi Felice, sorella di suo nonno Edoardo.

"La zia Felice, come la chiamavano, era canonichessa di Baviera", racconta la zia Felicita, "il re di Baviera che all'epoca ritengo fosse Massimiliano II, quando veniva a Palermo, essendo amico della famiglia, andava a visitarla all'ultimo piano dove essa dimorava ... Mio padre, bambino, si divertiva a vedere salire per lo scalone il re accompagnato da due servi con le torce. La croce di canonichessa, in smalto bianco e azzurro con l'effigie della Madonna e la sciarpa bianca e azzurra fu, insieme all'investitura, rubata nel 1914.

"La zia Felice non era bella come le altre sorelle, ma molto attraente e aveva il naso aquilino della famiglia. Era affabile, simpatica e pare abbia avuto molti ammiratori. Nessuno fu da lei accettato, perché essa ebbe un forte dolore per la morte del fidanzato e in seguito si fece suora.

"Trovai un giorno fra le sue cose un dagherrotipo in un astuccio di pelle raffigurante un bellissimo giovane in basette e buccoli sulle orecchie, tipica acconciatura assieme con una lettera... Seppi che lui era ufficiale della marina francese ed era morto nel naufragio della sua nave. I parenti annunziarono la sventura alla fidanzata con quella lettera e le mandarono un anello di lui."

Questa zia, proprio come poi prese a fare anche la sua pronipote omonima, dipingeva dei fiori. *Le langage des fleurs.* "Sono quarantaquattro i timbri incisi su rame che si cambiano nello stesso manichino. In ognuno è una minuscola figura e un detto di rara ingenuità, adatti a tutte le fasi del periodo sentimentale." Le frasi erano del tipo "Di te noi". Oppure "Elle est légère". Un'altra diceva "Hope in time". Due mani intrecciate porgevano un ricamo in rosso "A la vie, à la mort". Una spada e un ramo di ulivo stavano vicino alla parola "Choisis".

"Io sorrido benevolmente" commenta la zia Felicita e "lascio le ragazze di oggi ridere di cuore." Fra le "ragazze di oggi" c'era anche mia madre, bionda e splendente, insofferente di ogni imposizione materna, sprezzante verso i "grandi matrimoni" che le si volevano imporre.

Difatti, abbandonando tutti i nobili principi siciliani, era partita, da sola, per Firenze, dove aveva incontrato mio padre, ragazzo burbero e allegro, ribelle e solitario, sportivo, inquieto, introverso e imprevedibile. Si sposarono subito, senza una lira e andarono ad abitare a Fiesole, in una stanza in cima a una torre, mangiando patate bollite e uova sode.

Gli occhi delle famiglie Maraini e Alliata si chiudevano disgustati di fronte a questi due "presuntuosi" che avevano creduto di buttare baracche e burattini del passato dalla finestra per partire, nudi e soli, verso le beghe del futuro, come se niente fosse, senza neanche un filo di coda di paglia.

Strana, questa geometria familiare che si apre tutta verso il passato come un ventaglio. Due genitori, quattro nonni, otto bisnonni e così via. Mentre verso il futuro non ci sono propaggini perché mi sono fermata qui. Essendo il mio unico figlio, voluto e desiderato, morto poco prima di nascere, cercando di portarmi via con lui, ho deciso che a portare nel futuro qualcosa di me saranno i miei personaggi figli e figlie dai piedi robusti, adatti a lunghe camminate.

Anche la zia Felicita si era fermata lì. Non aveva voluto procreare. E in famiglia le si attribuiva quello che era stato il destino della prozia canonichessa di Baviera: un fidanzato morto in mare, un voto di castità mantenuto fino alla morte. Strano destino di un nome che promette una felicità da consumarsi in un lungo tragitto solitario.

Zia Saretta mi chiede perché ci tengo tanto a visitare la villa della mia infanzia. «Per scriverne», dico. Ma mi guarda incredula. Nella sua testa baronale io sarei qui per carpire chissà quali segreti da usare per dei «luridi articoli contro la nobiltà». Lo capisco dal fatto che mi chiede con fermezza di «non prendere fotografie di nessun genere».

E quando mi fa entrare nell'ingresso ingombro di piante rampicanti controlla che non abbia con me un registratore nascosto. Quasi fossi un paparazzo in cerca di pettegolezzi.

«E questa donna chi è?», mi chiede sospettosa, aspettandosi che io mi sia portata da

Roma chissà quale complice delle mie pericolose imprese giornalistiche.

Poi riconosce Bice, figlia di un famoso medico palermitano, sposata a un signore altrettanto nobile di lei e si tranquillizza. Bice, che è la persona più dolce, più quieta e mite di questo mondo, sorride affettuosamente, incapace com'è di provare antipatia per chicchessia.

E la zia Saretta diventa loquace. Ci racconta degli ultimi restauri fatti: «Il putto sul tetto a sinistra aveva perso un piede... poi i ladri sono entrati per la quarta volta quest'anno e si sono portati via le ultime argenterie... per fortuna, dopo avere caricato le statue del giardino, si sono spaventati di non so che, e hanno lasciato la preda, intanto però le statue erano cadute per terra e ora hanno la testa spiccata dal busto».

Sembra un simbolo dell'isola: la bellezza carpita, rapinata, due, tre, cento volte, la testa spiccata dal busto, e un silenzio di pietra che copre ogni strazio con la rappresentazione elegante della perdita di sé. Sconosciuta a se stessa, chiusa in una sfiducia senza rimedio, preda di un dolore senza voce.

Intanto entriamo nelle sale che una volta erano di mia nonna. A mano a mano che apriamo le persiane chiuse da tempo, la luce entra a valanghe come un'acqua di cui le pareti avevano sete. I pavimenti dai vecchi tappeti scoloriti vengono allagati, immersi in un liquido polveroso, scintillante che bolle leggero mandando per aria miliardi di corpuscoli dorati.

Cerco con gli occhi il pianoforte che stava contro la parete di fondo, su cui mia nonna si esercitava cantando. È sempre lì. I ladri l'hanno risparmiato. Devono averlo giudicato completamente privo di valore, con quel legno tarlato, quei tasti ingialliti, le corde saltate.

Sopra ci sono ancora le cornici con le fotografie che ho sempre visto appoggiate lì, un poco di sghembo. Solo quelle d'argento sono sparite; le altre, di vetro, di ceramica, di legno, sono ancora al loro posto.

C'è una zia Felicita giovane, con un cappellaccio da brigante calcato in testa. La stessa bocca di mio nonno e di mia madre. La bocca che si chinava su di me in una stanza giapponese a mormorarmi il motivo struggente della *Butterfly*. Finché lei non tornava non riuscivo ad addormentarmi. E pensavo a una rapina, a un sequestro. Era così bella mia madre che chiunque avrebbe potuto rubarla, pensavo girandomi nel letto. L'idea che, crescendo, la facevo invecchiare mi dava degli orribili soprassalti di colpa. Cercavo di non crescere per non farla invecchiare. Se fossi riuscita a fermare quel coniglio frettoloso sempre con la cipolla in mano tutto sarebbe stato così felice. Mia madre, dalla bellissima bocca di geranio, avrebbe continuato a chinarsi eternamente su di me, raccontandomi la storia delle tre melarance. «Ancora una volta mamà.» (Il mamà veniva dallo spagnolo, non si è mai usata la parola mamma o madre fra di noi, così come non abbiamo mai usato le parole infantili come "culetto", "pisellino", "passerottina" eccetera. Per noi il sesso femminile era "cin-cin", e il sesso maschile "cimbo", parole giapponesi che stanno appunto per i sessi maschile e femminile dei bambini. In quanto al sedere si chiamava "potito" alla spagnola.)

«Ma te l'ho già raccontata la storia delle tre melarance.» «E io la voglio sentire di nuovo.» «Allora c'era una volta un re che aveva tre figli...»

In un'altra fotografia ci siamo tutti e cinque: mio padre in un suo chiuso silenzio seducente, di una bellezza "mongola", mia madre in una posa alla Ingrid Bergman, con un leggero lucore flou sulle guance e gli occhi con le stelle dentro; io con il mio "nido d'ape" sul petto (un arricciamento del vestito che confonde i fiori verdi e gialli in uno sfarfallio azzurrognolo che dava aria al palato. Era l'epoca in cui mettevo addosso un abito per sentire un sapore. Che ancora posso riconoscere chiudendo gli occhi. Sale dalla gola come un leggero vapore. Erano sapori leggeri, di melone maturo, di erbe secche, di grano tagliato, di polvere d'uovo, di latte cagliato, di ciliegia cotta, di gigli appena nati, di nespole acerbe, di agrifoglio, di margherita...).

Mia sorella Yuki ha la fronte alta di un biancore delicato, tenerissimo, gli stessi occhi a mandorla di mio padre, scuri, bui, intensi e cocciuti. Gli occhi Maraini. E l'ultima, Toni, ha la faccia tonda, lentigginosa, uno spazio fra i denti davanti che la rendeva un poco buffonesca, già persa dietro un suo dolce e profondo rimuginio silenzioso.

C'è un momento nella storia di ogni famiglia in cui si appare felici a se stessi. Magari non lo si è affatto. Ma lo si porta scritto in faccia: io, famiglia da poco composta, sono nella mia pienezza e necessità, sono il cibo per l'occhio altrui, sono la carne terrena che imita la carne divina, sono la Famiglia nella sua beatitudine terrena. La si lascia stampata nelle fotografie questa felicità, sprizza dagli occhi, dai vestiti, dall'unità interna, da quel chiedersi, cercarsi, spingersi, annusarsi che abbiamo in comune con gli animali.

Dopo, non si sa come, tutto si rompe, prende a sfaldarsi. La rosa ha dato il meglio di sé, ora perde i petali a uno a uno e assomiglia più a un dente cariato che a un fiore. L'odore è l'ultima cosa che se ne va; quel leggero sentore di carni addormentate, di fiati teneri e giovanissimi, quel profumo di necessità che costituisce la perfezione della famiglia nel suo nascere.

È orribile trovarsi adulti, ormai usciti da quel paradiso dei sensi e degli odori, e capire di avere conservato quella felicità solo in qualche fotografia. Un singulto nel ritrovare nelle narici quegli odori di letti materni e sapere che sono persi per sempre.

In un'altra fotografia c'è mia nonna Sonia giovane: una grande faccia dagli zigomi sporgenti. Era bruna lei, bianchissima di pelle con sopracciglia e capelli neri che venivano dal suo paese di origine, il Cile. Aveva del sangue indio nelle vene, così diceva lei. Gli occhi erano enormi, di seta, il sorriso invece duro, strafottente.

Uno di quegli occhi troneggiava nella sua camera da letto, ingrandito cento volte. Un feticcio, un segno dell'aldilà, come ne ho visti qualche volta appesi nelle camere fumose dei villaggi guatemaltechi. È l'occhio di un dio malevolo a cui bisogna continuamente offrire doni altrimenti manda a fuoco la casa o ti fa morire di consunzione.

Ogni pelo di ciglia un bastoncino e la pelle delle palpebre era bianchiccia, lucente come le squame dei pesci. Quell'occhio mi inseguiva per la casa, fra indagatore e dileggiante. Aveva attorno delle sfumature scure che evocavano ombre infernali e cipigli vulcanici. Sapevo come venivano costruite quelle ombre: l'avevo vista la mattina passarsi il sughero bruciato attorno agli occhi.

Non l'ho mai vista piangere mia nonna Sonia. Nemmeno alla morte del nonno. Gli è sopravvissuta di quasi trent'anni, la bella cilena che a ottant'anni non sapeva ancora parlare l'italiano come si deve. Le sue frasi erano costruite secondo il ritmo e la logica di un'altra lingua, la spagnola. Diceva «el uomo», non distingueva fra cappello e capello, diceva: «Esci così, en cuerpo?» per dire che uno non portava il cappotto.

Venuta dal Cile alla fine del secolo scorso col padre ambasciatore, aveva studiato pianoforte e canto a Parigi. Aveva una bella voce di soprano e un temperamento teatrale. Tanto che tutti i maestri l'avevano incoraggiata a farne il suo mestiere. Ma non era una professione per ragazze di buona famiglia. E il padre glielo aveva proibito. Proponendole invece subito un buon matrimonio con un proprietario di terre argentino.

Ma lei aveva resistito. E, a diciotto anni, era scappata di casa per andare a «fare la lirica» come diceva lei. Era approdata a Milano dove aveva conosciuto Caruso che l'aveva avviata alla scuola della Scala. Famosa in famiglia la fotografia di Caruso dedicata alla "brava e bella Sonia". Perfino Ricordi aveva giudicato "straordinario" il suo talento lirico.

Ma il padre Ortuzar non intendeva cedere. Andò a prenderla a Milano e la riportò a Parigi. E da Parigi Sonia scappò di nuovo, mostrando una grande tenacia e un grande amore per la sua arte.

In una gara di testardaggini senza limiti, il padre Ortuzar era tornato a cercarla. L'aveva trovata, nascosta in casa di amici e l'aveva riportata per la seconda volta a casa, in Francia. L'aveva chiusa, però, questa volta in camera giurando che non ne sarebbe uscita che per sposarsi.

Ma poi, di fronte alle reazioni a dir poco "spropositate" di lei si era spaventato. Non si dice quali siano state queste reazioni "spropositate", immagino che si sia buttata per terra, come continuò a fare in seguito, anche dopo sposata, e abbia urlato e si sia contorta in preda a un parossismo nervoso. Fatto sta che il padre stesso l'aveva accompagnata a Milano perché riprendesse gli studi, ma sotto la sua stretta sorveglianza.

Fu allora che Sonia conobbe il bel siciliano dagli occhi azzurri che era mio nonno Enrico e se ne innamorò. O forse fu lui a innamorarsi di lei, così passionale, così estroversa, così teatrale, mentre lui era timido, silenzioso, ironico e mite.

Neanche il giovane Enrico però, una volta sposato, poté accettare che la moglie facesse la "lirica" e se la portò con sé nei suoi palazzi palermitani dove le fece subito fare un figlio. Ma questa era una costrizione amorosa e in quanto tale non suonava così ostica e rivoltante come l'imposizione paterna. E quello che non poté l'autorità del genitore, lo poté l'amore costrittivo del bel marito.

Enrico dovette prometterle che le avrebbe permesso di continuare a cantare. E lui mantenne la parola. Ma solo in serate di beneficenza, s'intende, e in altre rare occasioni, senza nessuna velleità professionale, solo per il piacere di farlo.

Innocenza diceva: «A duchissa fa l'uopera» quando la sentiva urlare contro il marito. Da brava ragazza educata nell'Ottocento, non chiedeva mai direttamente quello che voleva, ma tentava di ottenerlo attraverso la seduzione. Se la seduzione non funzionava, passava alla "scenata" finendo col rotolarsi per terra in preda alle convulsioni.

Mia madre dice ora che la nonna è stata una donna "frustrata". La Sicilia non le era mai piaciuta, non era mai stata contenta del suo matrimonio, per quanto il nonno fosse docile e gentile. Ha rimpianto per tutta la vita il palcoscenico che non ha potuto frequentare e la musica che non ha potuto coltivare come avrebbe voluto.

Tutto questo era peggiorato quando aveva perso l'unico figlio maschio per un echinococco riconosciuto troppo tardi. Tanto era peggiorata che il marito, ormai, viveva sempre più a lungo fuori casa, a Casteldaccia a curare i suoi vini o a Valguarnera a curare i suoi limoni e i suoi carrubi. Lei se ne stava sola a Palermo nel grande palazzo di piazza Bologni a fare la vita mondana. Andava a pranzi e cene, giocava a carte, frequentava l'opera e si faceva corteggiare dagli uomini più ardimentosi della città.

Quando l'ho conosciuta io, aveva ancora una faccia liscia e tonda, ma di corpo era grassa e sfatta. Eppure si vestiva con cura. Una cura un poco pacchiana: grandi gonne di organza, corpetti attillati, scarpe in tinta con la camicetta di seta, e di sera faceva molto uso di paillettes e di frange. Era una eleganza vagamente da palcoscenico, qualche volta persino da circo.

Due o tre volte mi è anche capitato di dormire con lei nel grande letto laccato di bianco e di oro al piano di sopra di villa Valguarnera a Bagheria. Avevo una specie di terrore di poterla anche solo sfiorare con un piede. Dal suo corpo emanava un calore che si propagava fra le lenzuola come una stufa, e non so perché quel calore mi era odioso. Come se fosse lì, con quel corpo-stufa a rammentarmi le leggi feroci dell'ereditarietà. Avevo orrore di assomigliarle. Per fortuna non ho preso niente da lei salvo una certa pesantezza delle braccia e una buona intonazione della voce.

Spiavo in mia madre i segni di un passaggio di generazione; ma mia madre, felicemente, ha preso quasi tutto dal padre: i colori, dei capelli, chiarissimi, degli occhi, azzurri. E lei li ha trasmessi a me. Anche la voce di mia madre, che si è sempre rifiutata di studiare canto o pianoforte, è una voce morbida, serena. Mentre la voce di mia nonna era squillante e tormentosa. Non leggeva mai un libro, e aveva in sospetto chi invece stava col naso nei libri. Era insomma "ignorante come una capra".

La mia antipatia rifletteva pari pari quella di mia madre. Lei non l'ha mai amata. E neanche la zia Orietta, che pure le assomiglia, è bruna, con gli occhi grandi languorosi circondati da un alone di ombre profonde che fanno pensare a passioni mai dimenticate e promesse di tenerezze struggenti.

Da quanto ho capito la nonna Sonia ha temuto la bellezza delle due figlie che le crescevano davanti, più di quanto temesse il proprio invecchiamento. «Ci costringeva a nascondere il petto quando avevamo già quindici anni», dice mia madre, «ci vestiva sempre da bambine, ci relegava nel reparto servitù, non ci presentava agli ospiti...»

E poiché, come si usava allora con le ragazze, aveva studiato solo un poco di lingue straniere e di pianoforte, non aveva altri interessi che la sua voce e la sua bellezza da mora. Come molte altre sue contemporanee, pensava che i rapporti con gli altri si risolvessero attraverso l'adescamento o l'odio. Non c'erano vie di mezzo. E ogni emozione passava visibilmente attraverso il corpo. Lo svenimento, la scenata, o il sorriso allusivo, il linguaggio delle braccia nude: non c'era altro. La parola non le serviva granché. Ancora meno il ragionamento.

Tutto questo aveva finito per isolarla. Il marito la sfuggiva. Le figlie la temevano e, per reazione, erano diventate due ragazze studiose, intelligenti, sempre intente alla lettura. Tutte e due, poi, solidarizzavano col padre che le faceva ragionare di filosofia, le accompagnava alle vendemmie e nelle cantine dove si rovesciava il vino nuovo, insegnando loro a guidare la macchina, andare a cavallo e scrivere in buon italiano. La servitù, capendo perfettamente la situazione, la metteva in ridicolo. Insomma non era amata. E lei rispondeva al disamore aumentando il volume della voce.

Da ultimo, morto il marito, allontanatesi le figlie, viveva da sola a Bagheria, mangiandosi

gli ultimi soldi della proprietà, con la unica
compagnia di un volpino che amava moltis-
simo. Per difendersi, teneva un fucile accanto
al letto.

Era venuta fuori la *campera*, pronta a farsi
giustizia da sola. Non aveva paura di niente e
di nessuno. Se sentiva dei rumori in giardino si
affacciava al balcone del primo piano col fucile
imbracciato, pronta a sparare. Certo non le
mancava il coraggio. Non chiedeva la compagnia di nessuno, si proclamava autosufficiente.
Alla morte del marito aveva fatto causa alle figlie per ottenere tutta l'eredità anziché la parte
che le spettava. Nemica irriducibile di tutta la
famiglia, si era ridotta a vivere solitaria in
un'ala della villa, scegliendosi come amici dei
curiosi personaggi del paese: un vecchio insegnante di scuola, un ex campiere con cui giocava a carte fino a notte tarda. Insieme bevevano l'anís ghiacciato chiacchierando dei mali
del mondo. Un giardiniere le preparava, tutti i
giorni, dei grandi mazzi di fiori per rallegrare
l'unica stanza, quella da letto, dove ormai si
era ridotta a vivere.

Una notte, per un pelo non sparò addosso a
mio padre con quel fucile sempre carico. Era il
periodo in cui abitavamo ancora nelle ex stalle.

Mio padre, non riuscendo a dormire, era uscito in giardino a fare una passeggiata. La nonna lo ha sentito ed è venuta sul balcone col fucile in braccio. Per fortuna lui l'ha vista e le ha detto: «Sonia, sono io». E lei, dopo avere gridato non so che improperi, se ne è tornata a letto. Ma il giorno dopo l'ha accusato di essere uscito di notte per rubare le uova delle sue galline.

Mia madre l'ha detestata per queste piccinerie. Era capace di passare mesi senza rivolgerle la parola. Solo quando la nonna è entrata in ospedale per la rottura di un femore, qualche anno fa, ha lasciato da parte i rancori per dedicarsi a lei, come farebbe una qualsiasi figlia amorevole.

«Da ultimo mandava un odore orribile per le piaghe da decubito. Ma non se ne rendeva conto», racconta oggi mia madre, «dormiva con la chiave della cassaforte attaccata al polso con una cordicella. Non si fidava di nessuno, neanche di me. Avrei voluto dirle: mamà, non me ne importa niente dei tuoi soldi, sono qui per fare pace con te che stai morendo... Ma lei mi sorvegliava con quegli occhi scuri, lucidi di febbre e non capiva... Non ha mai capito niente mia madre, era selvaggia, fedele solo a se stessa come un animale da foresta. Il suo guaio è stato quello di dovere vivere una vita da signora quando era nata per esibirsi in teatro. Ma glielo avevano proibito. Da quella proibizione è nata la sua stupida piccola teatralità casalinga che noi, figlie, non le abbiamo mai perdonato. Ma non volevo che morisse come un cane. Quando l'ho vista infine arresa alla malattia, la faccia devastata, gli occhi persi, ho avuto una pietà così forte che avrei voluto prenderla in braccio come una bambina, perché tale era stata tutta la vita, e consolarla, e cantarle piano una di quelle canzoni cilene che le piacevano tanto.»

È morta lasciando poche briciole di quello che era stato un grande patrimonio. A me è toccato un mobiletto ottocentesco con delle testine egiziane scolpite nel legno rossiccio. Più una vestaglia di seta rosa fucsia con delle grandi tasche ricamate, che ho tenuto come un cimelio teatrale.

La zia Saretta batte il piede a terra per svegliarmi dalle mie fantasticherie. La lunga collana di ambra le balla sul petto. Le macchie sul collo e sulle braccia nude sembrano accendersi di un marrone intenso, minaccioso.

Usciamo sul terrazzo. Le vecchie mattonelle bianche e blu sono ancora lì, identiche a come le ho lasciate tanti anni fa. Uno strappo in gola. Mi torna alla mente una tiepida notte estiva in cui, sdraiati su quelle mattonelle, mio padre, un suo amico toscano e io guardavamo ammirati il cielo seminato di stelle. Intorno a noi l'aria era dolce e profumata. Sopra di noi, tante pietre luccicanti. «Pensa», diceva mio padre, «sotto di noi c'è terra e sotto ancora il

vuoto... siamo sospesi e corriamo precipitosa-
mente verso qualcosa che non sappiamo.»

Si rivolgeva al suo amico, non a me che rite-
neva troppo bambina per partecipare ai misteri
dell'universo. Ogni tanto eravamo raggiunti da
una piccola onda di profumo inquietante: i gelsomini erano appena fioriti.

Anni dopo ho piantato dei gelsomini sulla
mia terrazza romana, in estate spio il loro
aprirsi aspettando di coglierne il profumo. Ma
ogni volta è una delusione. Il profumo c'è ma è
così fievole e leggero, non ha niente dell'intensità quasi dolorosa dei gelsomini di Bagheria.
Nutriti di altra terra, succosa e dura, bagnati da
un'acqua più avara e forse più densa, accarez-
zati da un vento caldo che sale su dall'Africa
sviluppano un profumo squisito e sensuale. Se
dovessi tenermi in vita per qualche giorno in
attesa della morte, sceglierei i gelsomini di Bagheria come Democrito scelse il pane fresco.
(Dovendosi sposare la sorella e non volendole
guastare le feste, Democrito si tenne in vita per
tre giorni annusando pane fresco.)

Certo bastava poco a guastarlo, il profumo
dei gelsomini di villa Valguarnera, quel leggero odore di gallina che veniva su dal pollaio
in fondo al giardino o quel lontano fetore di

pelli appena scuoiate che i pastori stendevano ad asciugare proprio davanti al cancello della villa, per trasformare il profumo in qualcosa di tumescente, che appestava l'aria.

Ma quella notte quando l'amico di mio padre era venuto a trovarci da Firenze, l'aria era pulita e il profumo che emanava da quei piccoli fiori color latte non si mescolava a niente altro che all'odore della mentuccia addormentata che nasceva fra le mattonelle e a un leggero sentore di acqua marina che saliva dalle distese liquide al di là di monte Zafferano, fresco e salino.

Ascoltavo in silenzio le parole che mio padre e il suo amico d'infanzia si scambiavano, contenta che non mi avessero allontanata. In qualche modo facevo parte del loro mondo speculativo, del loro linguaggio pieno di interrogativi e di ardimenti dell'immaginazione.

«Se l'universo respirasse?»

Non ricordo più se era la voce di mio padre o quella del suo giovane amico. Mettendo insieme le loro età non si raggiungevano i cinquantacinque anni. Inutile dire che mi ero innamorata di quell'amico e lo covavo con gli occhi e le orecchie. Lo amavo per quel tanto che aveva di diverso da me: bruno, asciutto, con qualcosa di saraceno negli occhi luminosi e nerissimi.

«Se fossimo parte di un lungo attimo che separa l'atto del respirare da quello dell'aspirare?»

Lo invidiavo per l'intimità che aveva con mio padre. Quel tanto di corrusca solidarietà che solo gli uomini sanno creare fra di loro, per una antica abitudine a fare corpo insieme, a distillare in comune un pensiero forte, libero.

«Se c'è un respiro c'è anche un essere pensante, un Dio.»

«Tu vuoi dare un senso a delle cose che non ne hanno... Non c'è nessun pensiero dietro a quel respiro, solo un atto di vita, casuale.» Mio padre lo incalzava con la sua bella voce pacata dalle ci un poco aspirate.

«Come fai a esserne sicuro?»

«Non lo so, lo immagino. L'immaginazione d'altronde è nutrita di esperienze stratificate nel tempo... Lo so perché Eraclito l'ha detto a Talete e Talete l'ha detto a Newton e Newton l'ha detto a Galilei, e Galilei a Locke e Locke a Hume e Hume a Hegel e Hegel l'ha detto a Marx che me l'ha ripetuto in un orecchio a voce bassa.»

«Marx non può avertelo detto, perché Marx ha dichiarato che la filosofia è morta.»

«Forse non l'ha detto, ma l'ha suggerito ad Einstein e Einstein l'ha scritto che il tempo non esiste...»

«E dove li metti quei cugini perversi, quei Platone, quei Campanella, quei Pascal, quegli Heidegger, quei Nietzsche, che sognano di dei e di uomini che amoreggiano insieme allegramente?»

E qui avevo sentito una piccola, impercettibile risata, un sorriso accompagnato da uno sbuffo, che era entrato nella mia mente come la superiorità della ragione sulle pretese della fede. Quella ragione asciutta, radicale, spartana che sapevo abitare nella mente di quell'uomo amato e perso che era mio padre.

Ma la zia Saretta batte ancora il piede, impaziente di tornare alle sue carte e francamente piena di sospetti nei riguardi di questa nipote che ha sputato sulla famiglia, sputato sulla nobiltà, sputato sulla fede, impelagandosi in pensieri eretici, facendosi parte di gruppi socialmente pericolosi, pestando sotto i piedi, con disinvoltura riprovevole, gli antichi principii di diseguaglianza e di gerarchia.

Vedo che osserva le mie scarpe di pezza, i

miei pantaloni di cotone sdrucito, la mia camicia a righe, la mia borsa a tracolla con un sorriso di commiserazione. È chiaro che, vestite così, non si possono avere in testa che pensieri goffi, disordinati e di bassa lega.

Ma, soffocando le sue prevenzioni, ci precede nel giardino distrutto: la statua della dea Cerere col corno ripieno di frutti, giace a terra, decapitata. La Coffee House di ferro smaltato pende da una parte, con le griglie di ferro arrugginite su cui corrono le formiche indaffarate; il pavimento è stato spaccato e divelto dalle radici impetuose di una robinia che infesta il giardino con i suoi polloni venuti su spontaneamente nella incuria generale.

In quella Coffee House il marito di Marianna Ucrìa, don Pietro Ucrìa di Scannatura, si ritirava a sorbire il suo caffè mattutino contemplando, con lo sguardo opaco, le sue proprietà che scendevano verso il mare. E Marianna lo osservava dalla finestra del primo piano dove abitava, duecento anni dopo, la nonna Sonia venuta dal Cile e sposata a uno degli ultimi duchi di Salaparuta.

Il parapetto di tufo che chiudeva il giardino, vedo, è smozzicato, in parte crollato. Pezzi di balaustra sono caduti verso valle. Di fianco, dove si vedeva il dorso di una morbida collina dalla grana tutta grigia e rugosa come la pelle di elefante ora c'è una ferita nella pietra e, in mezzo alla ferita, si erge un orribile palazzetto nuovo, color rosa confetto. La collina è stata sventrata, la montagna decapitata, sconciata, gli alberi divelti, distrutti. Il paesaggio inutilmente rovinato.

Girando lo sguardo verso il mare, noto con sollievo che gli ulivi sono ancora lì, in massa, e hanno sempre lo stesso colore cereo, argentato. Fra gli ulivi, in basso a destra, la villa Spedalotto, con le sue colonne leggere, il suo cortile assolato e sempre vuoto, il suo cancello chiuso.

"I marchesi di Paternò di Spedalotto acquistarono dal cavaliere Arezzo la villa mentre era in costruzione. Il palazzetto era costituito da un fabbricato agricolo terraneo, ripristinato e trasformato verso la fine del Settecento per essere destinato a luogo di villeggiatura. A esso si perviene attraverso un pronao colonnato al quale si accede da un cancello che dà su quell'antica strada provinciale la quale incrociava a Solunto la via consolare. La costruzione sorge in mezzo a una discesa di agrumeto profumato quasi alle falde della Montagnola di Serra di Falco, in contrada Despuches, vicino alla beveratura omonima. Il palazzetto ha lo stile fra il Luigi XII e il neoclassico, ha una sopraelevazione e annessa cappella con sacristia."

Così scrive il serafico Girgenti, con la sua prosa didascalica, commovente per l'amore che dimostra per la più piccola costruzione architettonica della sua Bagheria.

"Ferdinando XI di Borbone, il nefasto re Bomba, detto anche crudele e lazzarone, ebbe i suoi natali a Bagheria, proprio nella villa Arezzo. Il suo genitore, Francesco I, scellerato, brutale e feroce più del figlio e la regina solevano soggiornare nella villa. Una epigrafe che si conserva ancora ricorda la loro ospitalità in casa Arezzo nei mesi di ottobre, novembre e dicembre del 1799.

"Si dice che nella casina Arezzo Spedalotto", continua il nostro gentile Girgenti, "si conservi ancora la culla dove emise i primi vagiti l'infante che doveva divenire il barbaro re Bomba... Nel 1860 Victor Hugo, arringando la folla alla vigilia della storica spedizione dei mille in Sicilia, disse: 'Il capo Mongerbino finisce in una spiaggia deserta, in questa spiaggia alcuni sbirri portano sacchi; in questi sacchi vi mettono degli uomini. Si immerge il sacco nelle acque, vi si tiene fino a che più non si dibatte, allora si tira fuori il sacco e si dice all'uomo che vi è dentro: confessa. Se ricusa si immerge il sacco nell'acqua. In questo modo fu fatto morire Giovanni Vienna da Messina'."

I miei antenati materni che oggi guardano con occhi indifferenti dai quadri appesi alle pareti, certamente stavano dalla parte di chi reggeva il sacco e se non erano sulla spiaggia a spingere il sacco dentro l'acqua con le loro mani, sicuramente se ne stavano a casa a mangiare sorbetti e trionfi di gola mentre qualcuno chiudeva le cocche della iuta con lo spago ben robusto, anche per conto loro.

Questo non impediva alle loro signorie di coltivare sentimenti preziosi e pensieri elevati. Molti, come Giovanni Alliata, suonatore di cembalo e compositore, "terzo principe di Villafranca, duca della Sala di Paruta, professore di belle lettere e protettore di virtuosi, fece amenissime poesie in lingua italiana e siciliana onde si rese accetto alla Repubblica letteraria e di lui fa onoratissima menzione il canonico Antonio Mongitore nella sua biblioteca sicula...".

Ma la maggioranza erano capitani di giustizia, giureconsulti, pretori, senatori, deputati, vescovi. Uno, nel 1757 fu fatto maestro Corriere delle Poste di Sicilia, luogotenente del Viceré e Procuratore gentilizio.

Dal servizio delle Poste ebbero molti guadagni gli Alliata, che rinvestirono in fondi, vigneti e palazzi, fino alla fine dell'Ottocento. Dopo di che comincia la decadenza. E certo, alla fine della seconda guerra mondiale stavano nei debiti fino al collo.

"Fra i molti nobili che convennero al matrimonio si segnalò Francesco Alliata, non solo nella gala della propria persona e de' cavalli e delle livree dell'equipaggio assai numeroso, m'ancora nella bravura e nell'arte onde ebbe i primi applausi e le più strepitose acclamazioni in tutti l'altri giochi che si rattenne detta principessa nel real Palazzo... Egli fece nobil comparsa di ridurre in miglior forma la grotta di Santa Rosalia sul monte Pellegrino in Palermo nell'anno domini 1603."

Andando indietro, ecco Filippaccio Alliata che morì nel 1364 "lasciando la moglie Ursula e cinque figli. Il loro figlio Gerardo si stabilirà a Palermo e avrà una sorella, Sigismonda, la quale si fece suora del Monastero di San Geronimo dell'ordine di San Domenico... Sigismonda, poi, volle ampliare e nobilitare con la sua dote e comodità che avea il monastero come feçe poi per il Miraculo dell'Immagina della santissima Vergine della Pietà che dentro una cassa era tenuta da quelle religiose in loco nascosto sentendosi da tutte le Religiose una voce lamentevole che usciva dalla cassa medesima, essendo stata reposta con pompa e feste la detta immagina in chiesa, non si sentì più altro, onde fu appellata la Chiesa e Monastero della Madonna della Pietà concorrendoci molte Nobili donzelle per farsi Religiose e perché le suore erano molto anguste di sito Federico Abatelli, essendo venuto a Morte, li donò il proprio palazzo del quale ne appaiono ancora le vestigia al Parlatorio e in quello Sigismonda visse molti anni da vera e osservante religiosa e morì con fama di perfezione e di santità, essendo più volte stata Abbadessa nel detto Monastero...".

Tutto questo mi è cascato sulla testa come una valanga leggendo il libro di zia Felicita, che a sua volta si rifaceva a un altro libro scritto nel Settecento per conservare e fare conoscere la storia della famiglia Alliata di Salaparuta.

Un cumulo di adulazioni e di vanterie. Una famiglia di gente ardita e pia, secondo l'autore, sempre pronta a dare soldi per erigere nuove cappelle, a partire per andare a uccidere i "Mori traditori", a schierarsi accanto ai reali spagnoli pieni di pretese e di boria, superbi nobili, di cuore magnanimo e sentimenti "sofistici".

Pensavo di averli buttati fuori dalla mia vita con un atto di volontà. Mai frequentato parenti siciliani, salvo la vecchia zia Felicita quando ero bambina e il mite zio Quinto, grande conservatore della storia di famiglia e raffinato pittore.

Non ho mai indagato sul passato, non ho mai voluto sapere da dove venissero quelle ville, quelle terre, che per fortuna non ci appartenevano più ma erano lì a ricordare fasti lontani. Li ritenevo estranei con tutta la forza del mio giovane cuore borghese. Io appartenevo a mio padre, alla nonna inglese scappata di casa abbandonando tre figlie e il marito per andare vagabondando fino a Bagdad e poi sposatasi per amore a Firenze, col mio nonno Antonio Maraini, scultore.

Conoscevo troppo bene le arroganze e le crudeltà della Mafia che sono state proprio le grandi famiglie aristocratiche siciliane a nutrire e a fare prosperare perché facessero giustizia per conto loro presso i contadini, disinteressandosi dei metodi che questi campieri usavano in nome loro, chiudendo gli occhi sugli abusi, sulle torture, sulle prepotenze infinite che venivano fatte sotto il loro naso ma fuori dal raggio delicato dei loro occhi.

Io non ne volevo sapere di loro. Mi erano estranei, sconosciuti. Li avevo ripudiati per sempre già da quando avevo nove anni ed ero tornata dal Giappone affamata, poverissima, con la cugina morte ancora acquattata nel fondo degli occhi.

Non volevo neanche sentirne parlare. La villa Valguarnera, in cui pure ho abitato per diversi anni, la consideravo già persa e buonanotte. Non l'avrei del resto voluta neanche se me l'avessero regalata. Mi levavo, con un gesto gelido e scostante, i ricordi dal cuore come fossero solo ingombri penosi, resti di una ingenua cosmogonia infantile.

Io stavo dalla parte di mio padre che aveva dato un calcio alle sciocchezze di quei principi arroganti rifiutando una contea che pure gli spettava in quanto marito della figlia maggiore del duca che non lasciava eredi.

Lui aveva preso per mano mia madre e se l'era portata a Fiesole a fare la fame, lontana dalle beghe di una famiglia impettita e ansiosa. Quando si erano sposati avevano mandato in giro, come biglietto di nozze, un piccolo disegno di loro due nudi visti di spalle sulla spiaggia deserta, creando scandalo e sdegno fra i parenti.

Io, per me, mi consideravo nata dalla testa di mio padre, come una novella Minerva, armata di penna e carta, pronta ad affrontare il mondo attraverso un difficile lavoro di alchimia delle parole.

E mia madre? Anche lei aveva dato un calcio a quel passato. Non ne parlava mai. Si teneva alla larga dalla pletora dei parenti. Soprattutto quelli della generazione precedente. Perché i cugini sembravano incerti e insofferenti come lei. Il cugino Quinto, la cugina Manina, la cugina Fiammetta, erano persone delicate e inermi, in fuga anche loro da una discendenza troppo ingombrante. Gli altri, gli anziani, sembravano chiusi come frutti di mare ormai morti e rinsecchiti dentro le conchiglie preziose in cui avevano creduto di potere conservare in eterno le loro perle semplicemente chiudendo le valve dentate.

Cos'era rimasto, poi, di tutta quella magnificenza? Dei palazzi che cascavano a pezzi, degli specchi arrugginiti, dei lampadari sbocconcellati, con le croste di vecchie cere che non andavano più via.

E i figli dei figli dei figli? Gente che si arrabatta fra vecchi e nuovi debiti, presi da sconforto suicida o da folli delirii di grandezza. Quanto basta per disinteressarsene per sempre.

E invece eccoli lì, mi sono cascati addosso tutti insieme, con un rumore di vecchie ossa, nel momento in cui ho deciso, dopo anni e anni di rinvii e di rifiuti, di parlare della Sicilia. Non di una Sicilia immaginaria, di una Sicilia letteraria, sognata, mitizzata. Ma di quel rovinio di vestiti di broccato, di quei ritratti stagnanti, di quelle stanze che puzzavano di rancido, di quelle carte sbiadite, di quegli scandali svaporati, di quelle antiche storie che mi appartengono solo in parte ma mi appartengono e non possono essere scacciate come mosche petulanti solo perché ho deciso che mi infastidiscono.

Ho scritto otto romanzi prima de *La lunga vita di Marianna Ucrìa*, ma sempre evitando come la peste l'isola dei gelsomini e del pesce marcio, dei cuori sublimi e delle lame taglienti. Solo in alcune poesie del '68 pubblicate da Feltrinelli e oggi introvabili ho parlato di Palermo, di Bagheria. Ma era un dialogo fitto e amaro fra me e me, passando attraverso il fantasma sempre presente di un padre amato e ripudiato.

Parlare della Sicilia significa aprire una porta rimasta sprangata. Una porta che avevo talmente bene mimetizzata con rampicanti e intrichi di foglie da dimenticare che ci fosse mai stata; un muro, uno spessore chiuso, impenetrabile.

Poi una mano, una mano che non mi conoscevo, che è cresciuta da una manica scucita e dimenticata, una mano ardimentosa e piena di curiosità, ha cominciato a spingere quella porta strappando le ragnatele e le radici abbarbicate. Una volta aperta, mi sono affacciata nel mondo dei ricordi con sospetto e una leggera nausea. I fantasmi che ho visto passare non mi hanno certo incoraggiata. Ma ormai ero lì e non potevo tirarmi indietro.

Forse ha influito a questo riavvicinamento anche la rinnovata frequentazione di alcuni amici palermitani perduti da tempo: l'ironica e pungente Marilù, la dolce e profonda Bice, il generoso Giuseppe dall'intelligenza maniacale. E dietro di loro i Francesco, i Roberto, i Nino, le Marie Pie, le Gabrielle, le Gigliole che avevo perso di vista da troppi anni.

Non so se sono stati loro a riportarmi verso quella porta o se è stata la porta aperta che me li ha fatti scorgere lì, ancora vivi fra i fantasmi delle persone scomparse.

Potrebbe anche essere la vecchiaia che fa i soliti scherzi: avvicina quello che è lontano e allontana quello che è vicino. Mi ha preso prepotente il bisogno di rileggere vecchi libri dimenticati: Verga, Capuana, Meli, Pitrè, Villabianca, Mortillaro, e ultimo, il più amato di tutti, De Roberto.

Fatto sta che ho cominciato a tornarci a Palermo, nonostante l'orrore che provavo per gli scempi edilizi. Un orrore fisico, un assoluto e deciso rifiuto del corpo ad adeguarsi a questi nuovi spazi involgariti a dismisura.

Ogni volta è così. Vado all'Aspra, vedo le villette arroganti che si sporgono sulle rocce dove una volta sedevano gli impagliatori di sedie che torcevano con le dita dei piedi la fibra battuta delle agavi, e mi si rivolta l'anima.

Vado a Bagheria, e vedo come hanno sfondato mezzo paese per fare entrare l'autostrada nuova fiammante fin sotto casa, buttando giù gli antichi giardini, abbattendo colonne, capitelli, alberi secolari e mi si chiude la gola.

Vado a villa Palagonia, e vedo che hanno costruito, ancora, pezzo per pezzo, alla carlona, con una furia devastatrice e becera, proprio dietro le bellissime statue di tufo, glorie della meravigliosa immaginazione barocca siciliana e mi si rivoltano le viscere. Tutto il corpo alla fine è in subbuglio e che fare?

Getto uno sguardo sulla scarpa a punta, di fattura elegante, che calza la zia Saretta. Ha dei piedi piccoli e ben fatti. Niente "cipolla" come aveva la nonna Sonia. Da ultimo la nonna portava le scarpe con la gobba da una parte. Anche mia madre ha la "cipolla" ai piedi, ma molto ridotta. Una delle poche cose che non ho preso da lei. Forse i piedi li ho presi da nonna Yoi, l'inglese pellegrina e con i suoi piedi ho preso anche il suo amore per il vagabondaggio.

Zia Saretta mi precede verso il centro della terrazza, lì dove si apre la vasca col Nettuno seduto sconsolato al centro. È sempre stata vuota quella fontana per quanto ne so io. Nei mesi estivi diventava un recipiente per i piccoli datteri rossi e gialli che cadevano dalla palma che si rizza lì accanto.

Frutti immangiabili, quei datteri, troppo piccoli e amari per poterli sciogliere in bocca, così diversi da quelli gonfi e dolci che si trovano in Libia o in Marocco. Eppure la palma deve essere venuta da quelle parti, chissà in quale secolo, a rallegrare i cortili, le piazze delle città siciliane.

Una volta ne abbiamo mangiati tanti, Pasolini e io, che poi abbiamo avuto tutti e due mal di pancia. E Alberto ci guardava, seduto su una sedia pieghevole, in mezzo a una spiaggia, e rideva di noi, e della nostra ingordigia. Ma questa è un'altra storia, tendo a divagare come una ubriaca.

Butto uno sguardo sulla scarpa appuntita della zia Saretta per non guardare la palma dietro cui ho intravisto dei nuovi obbrobrii edilizi. Un palazzo di dieci piani tirati su senza criterio, senza un minimo di decenza, e chissà quanti morti è costato.

Bagheria è una città mafiosa, lo sanno tutti. Ma non si deve dire. Io ho avuto una denuncia negli anni Sessanta per avere fatto dire a un mio personaggio che Bagheria è mafiosa. Il processo si è perso per strada, non è mai arrivato a conclusione. Probabilmente perché sarebbe stato difficile dimostrare che dicevo il falso mentre su tutti i giornali si raccontava di quei morti ammazzati non si sa da chi né, apparentemente, per cosa. D'altronde è cronaca di città, anche se piccola. Una cronaca zeppa di violenze, intimidazioni, soprusi, prepotenze, abusi, feriti, morti.

Questo non significa che non ci siano i coraggiosi, gli irriducibili, i puri di cuore, e i poveri, gli onesti. Ho conosciuto un gruppo di donne coraggiose che si radunano attorno a una farmacista piena di vita che si chiama Antonella Nasca. E che dire poi dei figli celebri di Bagheria come Guttuso, come Buttitta, come Giuseppe Tornatore? E l'indomabile Antonino Morreale che umilmente insegna nel liceo di Bagheria e nello stesso tempo non rinuncia a gettare uno sguardo acuto e intelligente sul passato e il presente della piccola vulcanica città. Ho conosciuto dei giovanotti dalla faccia candida, generosa, che hanno creato delle associazioni, dei giornali, dei gruppi di vigilanza civica a Bagheria. Nelle loro mani sta il futuro della città.

Ora ci avviciniamo all'ala dove abitava la zia Felicita. Il magnifico ficus sta perdendo le foglie: sono così grasse e spesse che sembra di pestare dei pezzi di carne. Le sue radici hanno spaccato il pavimento della terrazza e sbucano callose e prepotenti fra le tubature abbandonate.

Anche qui una fontana, delle tracce di ninfee, un'acqua limacciosa, ormai soffocata dalle alghe. Dove nuotavano dei pesci rossi ci sono solo dei pezzi di grondaia saltata via dal tetto.

Le case della nuova Bagheria della rapina arrivano a lambire il giardino di villa Valguarnera dalla parte del nord. Si mangeranno, se continua così, in pochi anni, anche il resto del terreno e finiranno per ridurre la villa a un moncone sperduto nel cemento. E così la città avrà distrutto per sempre una delle sue memorie architettoniche più preziose.

Il Comune di Bagheria è ricco, ma la conservazione dei beni artistici è stata finora l'ultima delle sue preoccupazioni. Non so se augurarmi che la villa venga comprata da un ente pubblico o da una industria privata. Dopo quello che ho visto a Palermo dove un ente pubblico aveva comprato un teatro per "sistemarlo", l'ha scoperchiato per cominciare i lavori che invece sono stati sospesi dopo pochi mesi e il teatro è stato davvero "sistemato" per le feste, rovinato in capo a un anno di abbandono alle piogge, al vento.

D'altronde i parenti stessi hanno ceduto alle pressioni dei debiti, hanno venduto, abbandonato, concesso gran parte dei giardini. Che sia questo il destino delle nostre fantasmagoriche radici barocche? che il nostro protestare sia solo un buttarsi sui mulini a vento con una spada di latta?

Da questo muretto di tufo oggi minacciato dai palazzi di una affollata periferia bagarese ho assistito una volta a un grande spettacolo che "maritò" la mano dell'uomo a quella della natura.

Una notte, forse del '48 o '49. Nella stanza d'angolo giaceva una donna dalla faccia lentigginosa, gli occhi persi in una tristezza spaventata eppure ravvivata da una sua folle gioiosità. Aspettava il suo quindicesimo figlio stando diligentemente a letto come le ordinavano i medici.

I quattordici figli precedenti erano tutti morti prima di nascere. E ogni volta si portavano via un pezzo del suo corpo. Che periodicamente si animava, ospitando con festosa golosità un piccolo intruso e poi, non si sa come né perché, improvvisamente lo cacciava via come se lo detestasse.

Il marito, con i capelli come una torre in testa e gli spessi occhiali da miope, andava su e giù sminuzzando una sigaretta fra le dita dai polpastrelli gonfi e larghi.

Quella notte del dopoguerra noi eravamo fuori, affacciati al parapetto dalla parte del giardino non nostra, per assistere ai famosi "giochi di fuoco" di Bagheria, per cui la gente veniva fin dalla lontana Cefalù o da Misilmeri. Era estate. Il sole se ne era andato da poco, c'erano ancora delle strisce rosa galleggianti all'orizzonte, delle sbavature violacee che, momento per momento, venivano inghiottite dalla notte incalzante.

D'improvviso ecco fiorire davanti a noi un campo di gigli dai petali scintillanti che si mostrano un momento nel loro fulgore e poi si spengono con un fischio precipitando verso terra. Subito dopo un botto: bum seguito dall'apparizione di una cupola verde smeraldo, che in un attimo si trasforma nella volta argentata di una chiesa e subito dopo in una manciata di rubini che esplodono verso l'alto e ricadono a terra seguiti da un piccolo rivolo di fumo bianco.

Erano i fuochi in onore di san Giuseppe, il patrono di Bagheria. La festa per cui i bagarioti, che pure si lamentavano dell'estrema loro povertà, si svenavano ogni anno regolarmente. Tre famiglie di fuochisti venivano pagate profumatamente per buttarsi in una gara di splendori, il cui unico giudice sarebbe stato il pubblico.

Intanto, il corso si accendeva di mille lampadine colorate. Centinaia di bancarelle disseminate per le strade, esponevano allegramente, in mezzo a festoni di carta rossa e argento, granaglie di ogni genere: semi di zucca, di girasole, nocciole, noccioline, ceci, mandorle salate, mandorle caramellate; nonché gelati di campagna, gelo di mellone, sfinciuni, cucuzzate, cannoli, liquorizia in trecce, in fiocchi, in bastoncini.

Ma ecco che d'improvviso, senza un refolo di vento, senza un tuono, il cielo viene squarciato da lunghe saette in forma di rami e rametti dorati.

Una cosa mai vista, mai sognata: il gioco dei fulmini che si sovrappone e si mescola ai giochi pirotecnici. Il prodotto dell'invenzione umana che gareggia con l'invenzione capricciosa della natura. Un duello a cui abbiamo assistito paralizzati dallo stupore.

I giochi di fuoco terminano, in Sicilia, con quella che viene chiamata la "mascoliata finale". Come a dire un gettito di esuberanza virile, una imitazione del coito che esprime una sfida maschia al cielo e al mondo.

E bum, e bum e bumtumtumvorticavano sprizzando scintille e i fiori verdi si accavallavano alle stelle rosse mentre una pioggia di fili di neve copriva, con un velo vibrante, il fondo della notte.

Proprio in quel momento, come chiamati dai "botti" sono cominciati i tuoni, scuotendo la terra, mirando il cielo. E gli squarci si sono fatti più lunghi, più laceranti. C'era da avere paura a stare lì sotto gli alberi che potevano essere colpiti da un momento all'altro. Ma non riuscivamo a staccarci dallo spettacolo imprevisto. Così siamo rimasti ad assistere a quella sfida. Accolta, ribadita, e giocata spietatamente dai fuochi di terra contro i fuochi del cielo. Vinta infine da questi ultimi che, dopo avere tuonato e lampeggiato per lunghi minuti, hanno cominciato a mandare giù un'acqua sferzante e dura. Gocce grandi come ceci hanno raggiunto i tetti, frustando le strade, allagando i cortili in un finimondo di foglie rapite da terra e sparse vorticosamente in giro per tutto il paese.

Il piede di zia Saretta è di nuovo lì che batte, impaziente, annoiato. Possibile che mi perda continuamente dietro ai ricordi? Cosa avrà questa nipote balorda, sembra chiedersi, che non ascolta niente, presa com'è da pensieri lontani e inafferrabili?

«Ecco questo è un quadro di zia Felicita», ci dice. Siamo faccia a faccia con una tela scura che contiene delle grandi calle bianche. È un quadro curioso: dipinto con una mano timida senza maestria, eppure animato da una sua intelligente corposità.

La fattura è convenzionale. La composizione prevedibile. Eppure queste calle dicono qualcos'altro da quello che sono. Senza grazia, con un loro goffo ardimento, sembrano prendere corpo mano mano che le osserviamo, piccoli fantasmi di un sogno carnale perduto chissà dove.

Mi viene in mente di avere letto che, ai suoi tempi, le donne non erano ammesse nelle accademie d'arte. Solo ogni tanto, qualcuna, se insisteva molto, poteva essere accettata. Ma non poteva partecipare agli studi sul nudo. Se proprio voleva dipingere su un modello, che scegliesse fra cani, gatti e uccelli impagliati. Il nudo femminile era proibito alle donne.

La zia Saretta passa oltre. Ma io ho voglia di guardarlo meglio questo quadro. E Bice, che è figlia di una brava pittrice, capisce e commenta con me la freschezza sensuale di quelle calle.

«Di qui abbiamo finito», dice la zia Saretta, «se vuoi andare di là a rivedere la dépendance» e dice «dépendance» arricciando un poco le labbra, «puoi andare, ti aspetto di sopra per prendere un gelato.»

Così Bice e io ce ne andiamo nelle ex stalle a rivedere le stanzucce in cui ho abitato per tre anni e in cui anche lei è venuta, ospite, come io andavo da lei a Palermo all'ultimo piano della clinica paterna a giocare con i suoi burattini.

Mi chiedo come abbiamo potuto vivere in cinque in questo piccolo spazio. La stanza dove dormivano mio padre e mia madre era minuscola, col tetto basso. La camera dove dormivamo noi tre sorelle con una finestrella quadrata che dava sul pollaio, era appena un poco più grande. Il soggiorno, anche quello da nani, da cui si apriva la porta magica che dava sul giardino. Lì invece era tutto ampio, spazioso, e gli orizzonti si accavallavano in lontananza.

Fu in quella casa dalle stanze nane che mio padre un giorno rimase solo con la lavandaia che aveva quasi ottant'anni. E il giorno dopo il marito della donna venne su ingrugnato dicendo che sua moglie non poteva più venire da noi perché la lasciavamo sola con "l'ommu". E cosa avrebbe pensato la gente?

Una donna qualsiasi, bella o brutta, giovane o vecchia, se rimaneva sola con un uomo perdeva il suo buon nome. Si compometteva. Si presumeva infatti che l'uomo, bello o brutto, giovane o vecchio, avrebbe comunque provato a sedurla secondo le antiche regole del gioco sessuale. La volontà di lei non contava assolutamente nulla. Non era prevista una volontà femminile contro la bramosia maschile. Da qui la stretta parentela fra consenso alla semplice compagnia maschile da parte della donna e stupro.

Ricordo una volta una ospite di zia Orietta che se ne andò a spasso per la campagna da sola. Incontrò un contadino. Lui, molto rispettoso, le chiese se volesse un fico. Lei disse di sì e lui le saltò addosso. Il solo avere risposto alla sua offerta era stato considerato un segno di assenso.

Poiché è di ogni corpo virile la "presa" forzata e obbligatoria del corpo femminile, l'uomo non è responsabile dei suoi abusi. Che anzi, gli toccano in sorte, volente o no, dal momento che mette su bandiera nei pantaloni. Questa la filosofia del bagariota.

Un corpo munito di utero deve solo nascondersi e negarsi. Ogni accettazione, anche solo di una parola, di uno sguardo, di un momento di solitudine, è considerata una perdita, una resa incondizionata. Ogni abbandono è una rovina. Perfino il matrimonio è segnato come una grave capitolazione al principio della gerarchia paterna. Capitolazione a cui la donna non può sfuggire ma che la ribadisce nella sua ubbidienza fatale. La capitolazione non potrà quindi non avvenire prima o poi; ma sarà accompagnata da un fastoso cerimoniale che sancirà un atto pubblico di possesso sul corpo della donna.

A questo possesso, di cui rispondeva sempre e comunque il padre, la figlia non poteva negarsi. Neanche quando il padre carnale si sostituiva al marito. L'abuso veniva criticato ma nessuno avrebbe osato intervenire nel rapporto di autorità fra un padre e una figlia che è antichissimo e che, fra tutti gli usi, è uno dei più duri a morire, ancora oggi.

Proprio a Bagheria, c'erano due casi palesi che tutti conoscevano e che non sarebbero mai stati denunciati. Un padre aveva avuto un bambino dalla propria figlia. Era una cosa pubblica ma nello stesso tempo segreta. Nessuno l'avrebbe ammesso apertamente. La stessa moglie del padre marito, e madre della ragazza, faceva finta di niente. La ragazza aveva continuato a vivere con i suoi tirando su un bambino che era il ritratto del padre.

Un altro padre, in una di quelle case senza finestre che davano sui vicoli della parte vecchia del paese, aveva abusato della figlia quando aveva sei anni. Sempre sotto gli occhi ciechi della moglie. E aveva continuato ad abusare di lei, come per un sacrosanto diritto, anni dopo anni. Poi, quando la figlia, sedicenne, si era sposata, aveva cominciato ad abusare della seconda figlia che ne aveva dieci, e quando questa a sua volta era cresciuta (ma a questo punto in paese si era risaputo perché la prima figlia si era lasciata scappare qualcosa col marito e la seconda figlia non ha mai trovato chi la volesse sposare), l'uomo si era rivolto alla terza figlia, rendendola gravida e costringendola ad abortire.

Tutto nel silenzio di quelle stanze dagli "stipi" neri pieni di piatti preziosi che si usavano solo per i giorni di festa, in quei letti enormi altissimi da terra sotto cui razzolavano spesso le galline; in quelle cucine fumose in cui per accendere il fuoco la mattina si impiegavano delle mezz'ore a furia di energiche "sciusciate".

La chiesa e la morale comune proibivano questi accoppiamenti carnali fra padre e figlia. Ma qualcosa di molto più antico e sotterraneo che non aveva neanche più niente a che fare col desiderio ma con l'espressione di una potenza tellurica, spingeva questi uomini ad agire segretamente secondo principii che in cuor loro ritenevano più che giusti. Una figlia non è carne della tua carne? sangue del tuo sangue?

L'ordine dell'universo è più antico e perfetto di quanto dicano le morali stabilite, era il pensiero comune. E poi da chi erano state stabilite queste regole? Il diritto della carne, per costoro, veniva prima di ogni legge, umana o divina. Non aveva fatto così anche Lot nei lontani racconti biblici? Si era coricato con le due figlie e aveva fatto dei bambini a sua immagine e somiglianza. A proposito come si chiamano le figlie di Lot? La folle arroganza del mondo contadino disfaceva di notte quello che le regole della morale borghese e della morale cattolica ricostituivano di giorno.

«In questa stanza ci ha abitato la regina Maria Carolina, per una settimana, con tutta la sua corte, lo sapevi?»

«Mi pare di averlo letto sul libro della zia Felicita.»

«Quelle consolle bianche e oro con i lunghi specchi opachi sono state messe lì per lei. La villa allora non aveva persiane, e sai che fece la regina? se le portò con sé perché non sopportava la luce la mattina presto. Ma poi, quando andò via, fece scardinare le sue persiane e le portò via. Inoltre fece spaccare il blasone di stucco sulla facciata interna, quella che hai visto entrando, con i due leoni accovacciati e le due bandiere.»

«E perché lo fece?» La risposta la conoscevo ma volevo risentirla dalle sue labbra.

Ora la zia Saretta sorride, di un sorriso triste e avaro. «Per arroganza di regina, non voleva, dove abitava lei, che si inalberasse un blasone non suo. In compenso ha lasciato alla villa un regalo che è rimasto per anni dentro una teca finché dei ladri non l'hanno rubato.»

«Che cos'era?»

«Una scatola di pelle di Bulgaria, stampigliata in oro, foderata di velluto azzurro, con un servizietto da caffè per due persone: due tazze, una caffettiera e la zuccheriera. Sulle tazze c'era scritto *l'espérance soutient le malheureux jusque au tombeau.*»

Ma se voglio saperne di più devo andare a guardare nel libro di zia Felicita. "Nel vassoio che accompagna le tazzine, piccolo e concavo, dipinto con finissima fattura, era raffigurato *le malheureux*, nudo, con un breve drappeggio sulle vergogne. Un piede scendeva nella fossa, mentre alzava lo sguardo fiducioso verso *l'espérance* che, in tunica bianca, lo sosteneva con un braccio mentre l'altro teneva in alto una lampada accesa... Era una manifattura scelta di Capodimonte o Buen Retiro. Per sorbire un caffè il soggetto non sembra dei più allegri", commenta la zia, sorniona.

«Forse saprai che fu proprio qui che si combinò il matrimonio fra Luigi Filippo d'Orléans, ospite alla villa Spedalotto e Maria Amelia, figlia di Maria Carolina e di Ferdinando di Borbone.»

«Racconta, mi interessa, zia Saretta.»

«Dalla villa Spedalotto c'era un sentiero che in salita portava alla nostra villa, e da quel sentiero veniva su ogni giorno Luigi Filippo diventato poi re di Francia, per andare a fare visita alla regina sua suocera. Una sentinella stava sempre presso il cancello che dalla proprietà fa accedere alla florette o giardino pensile alto sulle rocce.»

"Una sera, all'imbrunire", continuo con le parole di zia Felicita che mi sono più congeniali, "al passaggio del duca la sentinella, presentando le armi, si lasciò sfuggire il fucile di mano e un colpo partì in direzione di Luigi Filippo, rimasto per fortuna illeso. Si volle fosse stato un caso ma si sussurrò che il caso fosse accaduto per ordine della regina... D'altronde non era la prima volta che si attribuivano alla regina delitti e avvelenamenti."

"Certo", prosegue saggiamente la zia Felicita, "come donna e anche come regina Maria

Carolina ebbe una vita tormentata dai suoi sfrenati sentimenti, dalla tragica morte della sorella Maria Antonietta, dall'avere oltre tutto un marito egoista e volgare, tutto ciò la portò al parossismo...

"Rimase famosa in famiglia l'eco di un pranzo in onore di lord e lady Bentick che avevano liberato il nonno Giuseppe dall'isola di Pantelleria, dove era stato mandato per sospetta simpatia verso i garibaldini.

"Il nonno Giuseppe aveva sempre dei cuochi francesi delle cui vivande nessun profumo giunse fino a me, purtroppo", è sempre la zia Felicita che scrive. "La tavola doveva essere vasta tanto da potere essere ornata al centro da un tempietto di stile dorico, ancora esistente, finemente intagliato in legno, con colonnati, balaustre, scale, tripodi e statue che si ripetevano in tempietti – specie di chioschi – più piccoli alle estremità della lunga tavola. Tutto era dipinto di un bianco azzurrognolo opaco. Tali monumenti pare fossero affollati di figurine di biscotto di Capodimonte: pastorelle, damine, non più alla Watteau ma piuttosto alla Reynolds, per l'influenza inglese che dominava lo stile dell'epoca in Sicilia.

"La tovaglia che conosco, in finissima tela

damascata a disegni rettilinei, era tutta di un pezzo, della lunghezza circa di otto metri. Figuravano nella sala due busti di gesso, ritratti della coppia, esoticamente eseguiti espressamente dal Villareale. Il servizio di porcellana finissima che poteva bastare per sessanta coperti – e credo che circa tanti dovettero essere – era della manifattura francese del conte di Artois. Fabbrica che lavorò poco tempo e che poteva rivaleggiare con quella di Sèvres. Si componeva di centinaia di pezzi, ricchissimi di accessori: coppe, vasi da ghiacciare i vini, cestini per la frutta, ampolle, saliere di svariatissime forme, decorate di minuscoli fiordalisi azzurri e tulipani rosa, con bordi di festoni in allori e piccole bacche rosse, ornati di anse e volute di fogliami dorati.

"Il principe di Villafranca mandava a stirare la sua biancheria a Parigi: cravattoni, manichette, trine e gale... Quando egli viaggiava portava con sé delle specie di lenzuola – che io ho visto", precisa zia Felicita con puntigliosità, "in pelle di camoscio color crema bordate di nastri di seta blu chiaro. Erano lavabili e fungevano di biancheria."

In un'altra fotografia zia Felicita sta su una macchina lunghissima, scoperta, con in testa un cappello a cloche. Doveva essere intorno al 1920. La faccia sorniona di chi sa e tiene per sé. Una curiosa mistura di intelligenza esplorativa e di pudore infantile. Mi fa pensare a un'altra fotografia che sta in un libro di Gertrude Stein: la sua autobiografia scritta da Alice Toklas, che naturalmente era una finzione, perché è lei che scrive, lei che parla di sé in terza persona, lei che si guarda, ironica, beandosi dei suoi cagnolini, dei suoi bastoni, delle sue passeggiate, dei suoi quadri, delle sue cuoche.

Zia Felicita assomiglia a Gertrude Stein, me ne accorgo solo ora. Qualcosa in comune ce l'avevano certamente: erano ricche, e mantenevano con la propria ricchezza un rapporto disinvolto e gioioso, tenendo d'occhio le comodità ma senza strafare, non dimenticando mai i disagi e le privazioni degli altri. Generose e ironiche, erano abitate da quella serena bruttezza che in certi momenti appare come una grande materna bellezza. Il corpo che aveva preso a dilatarsi chissà in quale lontano cedimento alla fame nervosa, i piedi che si erano ingigantiti, fatti tozzi e pesanti per reggere quel peso ambulante. Eppure c'era molta grazia nel loro muoversi, fatta di un pudore gentile, sorridente.

E poi? non avevano anche la pittura in comune? Con più severità critica, da spettatrice, da parte di Gertrude Stein, con più indulgenza e da autrice, in zia Felicita. Tutte e due amanti del cibo, degli animali, dei boschi. In divertita osservazione degli altri e di sé. Solo che Gertrude Stein veniva dal cuore di una società proiettata ottimisticamente verso il futuro, salda nei suoi principii morali come nelle sue trasgressioni e nelle sue dichiarazioni polemiche di "immoralità". Zia Felicita invece veniva dal fondo di una provincia mediterranea, da una insicurezza atavica, da principii e doveri che mescolavano insieme gli insegnamenti della Chiesa con gli azzardi più scapestrati del pensiero libero, le intelligenze più luciferine.

Gertrude Stein era di famiglia ebrea, era una intellettuale piena di curiosità e di stravaganze. Zia Felicita veniva da una famiglia aristocratica che si era creduta per secoli così protetta dagli dei da non darsi nemmeno la pena di mettere il naso nelle faccende del mondo. Privilegiati per grazia di Dio e amen. Era già un miracolo che fosse così spontanea, così curiosa e portata all'arte. Nel suo libro, come nel libro di cucina vegetariana di mio nonno Enrico, si trova il meglio di una Sicilia che ha coltivato l'aspra capacità di ridere di sé.

Siamo al piano di sopra. Nel grande salone che dà sulla terrazza. Le pareti non sono dritte, ma fanno quinte, angoli, nicchie. Ogni curva però si rompe di fronte alla grande porta finestra che si apre sulla spaziosa terrazza dalle mattonelle bianche e blu.

Facile immaginare, perché ogni oggetto porta l'impronta dell'epoca, i nostri antenati dai grandi vestiti gonfi e sostenuti, le parrucche alte sul capo, le facce cosparse di cipria di riso, le mani intente a sgranare rosarii o a stringere una tazzina di cioccolata fumante.

Anche se poi, a guardare da vicino, le parrucche erano spesso abitate da cimici, i vestiti erano polverosi, i corpi appesantiti da cibi grassi

e unti, gli aliti amari per i denti che si guasta-
vano e che nessuno sapeva curare salvo tiran-
doli via e lasciando dei buchi senza rimedio.

Facile immaginare come su queste mattonelle bianche e blu, appena intiepidite dal
primo sole, si posavano le pantofole del signore di casa il quale si era lavato da poco il
naso dentro una bacinella di acqua fredda in-
gentilita da un petalo di rosa. Poi si sarebbe seduto davanti a un tavolino dalle zampe di ciliegio per prendere il suo caffè mentre un servo
gli infilava le scarpe e un altro gli pettinava i
capelli e glieli stringeva in un nodo dietro la
nuca. Proprio come nei quadri di Hogarth o di
Longhi.

E la signora? anche lei certamente alzata da
poco, chiusa in una vestaglia di *crêpe de Chine*,
come direbbe Proust, raggiunge il marito sulla
terrazza allagata dal sole, si siede a prendere la
sua fettina di pane imburrato mentre una serva
prepara per lei il vassoio della toletta: la crema
di Monsieur Varigault venuta fresca da Parigi,
l'acqua di Nanfa al profumo di arancio, il tu-
racciolo bruciato per il contorno degli occhi.
Proprio come faceva mia nonna Sonia, dando
ai suoi enormi occhi neri da india un che di
spiritato e di folle.

La zia Saretta si avvicina alla balaustra e ci invita a guardare il panorama. Di lontano il mare si apre come un ventaglio, turchino leggero e polveroso. A sinistra, Solunto, il bellissimo monte su cui i Greci, dopo la cacciata dei Fenici, costruirono una loro civilissima città fatta di strade, negozi, piazze che ancora oggi sono riconoscibili fra le rovine.

Soleus, come si racconta, era un gigante che abitava le cime del Mongerbino. Si nutriva di carne umana e aveva una preferenza per le vergini. Qualche volta invece di mangiarle, le teneva come mogli e, solo quando si stufava di loro, le faceva a pezzi e le divorava.

Gli abitanti dei monti intorno chiesero a Ercole di venire a liberarli dal gigante antropofago. Ed Ercole, l'uccisore dei grandi serpenti, venne sulla cima del Mongerbino. Vide che era un posto bellissimo, degno di essere abitato. Affrontò il gigante, lo strozzò con le sue corte e robuste braccia e lo gettò in mare.

Da quel momento, dice la leggenda, il monte prese il nome di Solunto. Qui i Fenici costruirono templi preziosi in onore di Iside, di Baal, di Tanit; poi trasformati dai Greci in templi a Zeus, a Poseidone.

I Greci uccisero gli antichi cartaginesi adoratori di Baal; ma a loro volta furono vinti e uccisi dai romani che, con le loro armate, si impadronirono dei maggiori porti siciliani.

Una capitolazione dopo mesi e mesi di assalti, quella di Solunto. Un momento di euforia omicida e di terrore. Gente che per mesi aveva centellinato il cibo: una cipolla divisa in quattro, un poco di farina cruda mescolata all'acqua perché non c'era più legna da fuoco. Non era lo stesso per noi nel campo di concentramento giapponese? Niente per cuocere, e niente da cuocere. Per disperazione ci buttavamo su tutto quello che capitava a tiro: un topo, un serpentello, delle formiche. Abbiamo anche provato a mangiare le ghiande («Se le mandano giù i maiali perché non dovremmo digerirle anche noi?»). Invece sono risultate assolutamente incommestibili.

Un giorno abbiamo trovato dei funghi, cresciuti pallidi e stenti all'ombra di certi sassi. Ma chi ci diceva se erano velenosi o meno? E così abbiamo tirato a sorte una "cavia". Ne avrebbe mangiato un pezzetto. E se dopo otto ore non gli fosse successo niente, anche gli altri ne avrebbero mangiato. Un poveretto rovesciò l'anima per una notte e quei funghi furono buttati.

Forse anche i cittadini di Solunto assediata avevano fatto così coi funghi, asserragliati in cima alla montagna, chiusi nella cittadella sacra, mentre i Greci li stringevano da tutte le parti. Poi una notte, mentre erano immersi nel sonno agitato di chi non mangia e soffre di coliche e di fischi alle orecchie, un greco più impaziente e più coraggioso degli altri, un piccolo Ulisse dai calzari sdruciti e i capelli intrecciati, si è arrampicato in cima al muro, ha ucciso di sorpresa due guardie, è scivolato nel buio fino alla porta, l'ha aperta ai suoi compagni soldati.

La mattina alle nove Solunto era tutta in fumo. Gli incendii devastavano le botteghe che con tanta pazienza avevano continuato a vendere qualche cucchiaio di strutto, qualche manciata di semi secchi, qualche orciolo di vino tenuto chiuso con la cera, nonostante l'assedio.

Bruciavano le case con i loro poveri focolai, bruciavano i bagni pubblici, bruciavano le dimore dei ricchi con i cortili tirati a lucido e i vasi colmi di acqua; bruciavano le statue ricoperte di legno, bruciava perfino il famoso ginnasio dai pavimenti di mosaico con le scene di caccia dove si riunivano i più anziani a ragionare con i più giovani; bruciavano gli orci di terracotta che una volta erano pieni di grano e ora erano vuoti, bruciava il palcoscenico dalle grandi tavole di cedro.

I soldati rincorrevano fra le colonne di fumo i fenici che erano rimasti in città. Li prendevano, li legavano e, con un solo movimento rapido della mano armata di coltello, li sgozzavano. Le donne venivano spinte contro un muretto, o contro il nudo pavimento e stuprate. Poi sarebbero andate come schiave al seguito di un soldato, di un ufficiale. Un po' serve, un po' concubine, un po' facchine, un po' cuoche, secondo la volontà dei loro padroni.

Dovevano imparare a convivere con i loro stupratori. Qualche volta ci facevano dei figli e forse anche finivano per affezionarsi ai padri dei loro bambini dimenticando i rancori, le vendette.

Mi viene in mente un libro che racconta dei rapporti ambigui e complessi che possono instaurarsi fra chi compie la violenza e chi la subisce. I militari argentini, dopo avere torturato e ucciso delle giovani donne, si impadronivano dei loro figli e li crescevano come fossero propri, nel lusso e nell'amore più generoso e possessivo.

Molti parenti dei *desaparecidos* trovavano

questo connubio più rivoltante delle stesse torture subite dai loro congiunti. E hanno intrapreso ricerche capillari per ritrovare e recuperare i figli delle uccise rapiti dagli uccisori. Ma è successo, paradossalmente, che alcuni di questi bambini, una volta ritrovati, non hanno voluto tornare dai nonni veri, perché avevano imparato ad amare i loro finti genitori ex torturatori di quelli veri. Che fare?

"La villa Valguarnera era la reggia fra le case principesche della verde vallata", scrive Pitrè. "I padroni vi tenevano corte imbandita di Cavalieri e di Dame, di amici e di vassalli, di servitori e di valletti, ai quali offrivano commossa residenza in ampie stanze, grandi saloni con quadri, pitture e ornamenti in un teatro artisticamente decorato a orti e frutteti e boschetti e giardini pensili e logge e cortili e fonti e statue e quella Montagnola che è la più deliziosa delle colline, il più giocondo asilo della pace... Mano mano che si va su per i rivolgimenti di quella vetta, l'occhio si perde fra i due promontori nella vista del mare turchino nelle lontananze cerulee di luce, per valloncelli e falde costiere e, nel salire, un amorino ti sorride lietamente, una Diana ti invita alla caccia, una baccante danza e un Polifemo fistoleggia quasi per farci cantare l'arietta del Metastasio scolpita ai suoi piedi."

Ecco la mitologia di villa Valguarnera come l'ha vissuta la zia Felicita. "La villa dei miei sogni", come la chiama nel suo libro stampato da Flaccovio nel 1949. E arriva a parlare coi ritratti degli antenati, in un tu per tu grazioso e un poco delirante. "Gli parlavo e pareva volesse benignamente rispondere... lo fissavo ed egli mi fissava sorridente! Cercavo ancora nella doratura dei finissimi intagli della sua cornice delle tracce... gocce di cera gialla indurita dagli anni... vedevo allora la sala illuminarsi di innumerevoli ceri nei suntuosi candelabri di Murano... Nello scalone i valletti e i servi incipriati, dalle ricche 'libree' e giù gli staffieri con le torce davano luce alle berline e alle portantine che giungevano..."

Era una visionaria la zia Felicita. Come me. Forse per questo non riesco a non farmi contagiare dal suo libro che in qualche modo assomiglia alle sue calle: l'invenzione di una nobiltà tutta eroismi e sorrisi. Sotto cui si nasconde, inconsapevole di sé e quindi mistificante, una prepotenza sensuale che incute una qualche preoccupazione. L'occhio della zia Felicita non è mai né gretto né presuntuoso. È semplicemente l'occhio di chi inventa la realtà e sa di farlo ma è colto da una improvvisa ubriacante indulgenza per se stesso.

La zia Felicita è morta da anni. Mentre la zia Saretta è qui viva e ora batte le mani a una ragazzina in tacchi alti e unghie laccate che porta dentro un vassoio con sopra dei bicchieri a calice colmi di tè freddo al limone. Su un piatto prezioso porge dei gelati di Bagheria: minuscoli fiori di crema ghiacciata ricoperti di finissima cioccolata. Si posano con due dita sulla lingua e si lasciano sciogliere fra denti e palato. Il profumo sale dolcissimo e struggente.

Rientriamo nel salone. I miei occhi cadono sul grande quadro dell'antenata che ricordo vagamente nei miei vagabondaggi infantili per la villa.

È lei, Marianna, a grandezza naturale, chiusa in un vestito rigido, da cerimonia, con la croce di Malta dei grandi Nobili sul petto. I capelli gonfi, grigi, su cui spicca una rosa stinta, qualcosa di risoluto e disperato nei grandi occhi chiari. Le spalle scoperte, le braccia fasciate dalle maniche trasparenti.

Anche la zia Felicita nel suo libro parla di questo quadro, ammirata: "elegantissima in guardinfante, ha la lunga vita appuntita a cono sull'abito di broccato argenteo a fini disegni in colori tenuissimi; dalla scollatura alla punta spicca una grande croce argentea ricamata sul triangolo di velluto nero che forma il davanti della vita. La caratteristica croce di Malta che solo i nobili di sangue purissimo, con quattro quarti di nobiltà, potevano portare. Grossi brillanti alle orecchie e altri sparsi sulla appena incipriata gonfia e liscia acconciatura dei capelli che lascia scoperta la vasta fronte con una rosa da una parte, in alto. Un grosso solitario all'anulare e nessun altro gioiello. Tiene in mano un foglio, ché lo scrivere era il suo solo modo di esprimersi. Era nominata: la muta".

La zia Felicita era nata nel 1876; poteva avere conosciuto, da bambina, una nipote di Marianna. Fra lei e il Settecento non c'era poi tanto: meno di cento anni dalla morte di Marianna.

Il suo nome, Felicita, che si trova ripetuto molte volte nella storia di famiglia, l'aveva preso da una bambina che era morta a soli tre anni, poco prima che nascesse lei. Una delle ultime fotografie è certamente quella che la ritrae seduta dentro una lunga Studebaker nera, con in testa il largo cappello a cloche di feltro scuro. Forse verde, conoscendo i suoi gusti, o forse blu notte: la fotografia è in bianco e nero. Buffissima la zia Felicita in quella macchina di lusso, si guarda intorno come a dire «scusate il mio ardire, ma amo la velocità». È decisamente brutta, coi tratti grandi e marcati, il naso autoritario, la bocca dalle labbra carnose, una traccia di peluria sotto il naso.

Da ultimo abitava in una stanzaccia buia, ingombra di quadri dipinti da lei, sempre affondata dentro una poltrona sgangherata, di pelle logora e graffiata dai gatti.

Ogni tanto noi bambine andavamo da lei a farci raccontare una storia. E lei ci avvolgeva nella sua voce profonda e fascinosa. Una voce che, nel ridere, si faceva argentina e selvaggia, come quella di una giovane contadina allegra e ingenua, prigioniera di un vecchio corpo grasso e sfasciato. Le mani, quelle mani che sono anche di mia madre e poi anche le mie, eufemisticamente chiamate "mani da pianista" perché nervose, robuste, piccole e attive, si sollevavano ad accompagnare con movimenti leggeri e decisi il moto delle parole.

Anche lei era stata affascinata dalla sordomuta Marianna, lontana ava dagli occhi acuti e dolci che aveva imparato a scrivere per comunicare con le persone di famiglia.

«Questo era il marito di Marianna, il signor marito zio Pietro Valguarnera e Gravina Palagonia... lo chiamavano il "gambero" in famiglia perché vestiva sempre di rosso...»

Una faccia incupita, non si sa da quali ombrosi pensieri, gli occhi infossati, la bocca arcuata, il corpo magro, sbilenco. Non ha l'aria della persona felice, e neanche della persona capace di fare felici gli altri. Ma certamente tormentato e tormentoso.

La zia Felicita nel suo libro racconta che un'altra Alliata, una certa Giovanna, figlia di Giuseppe Alliata Moncada, sposa nel 1864 lo zio Girolamo Valguarnera, principe di Ganci. Ma poi di lei si perdono le tracce. Che fosse una consuetudine di famiglia questa di dare le giovani ragazze spose agli zii?

Giovanna, la sposa bambina, era sorella di Edoardo, padre di Felicita. Quindi zia della zia. I fratelli maggiori di Edoardo erano morti, cosicché Edoardo, ancora ragazzo, era diventato capofamiglia. E aveva sposato, nel 1830, una certa Felicita Lo Faso di San Gabriele. Ecco come il nome Felicita era entrato in famiglia.

Dal ritratto di Pietro Valguarnera Gravina Palagonia, torno a posare gli occhi su Marianna. La zia Saretta continua a parlarmi di altri antenati, ma io non la ascolto. C'è qualcosa in quel ritratto di Marianna che mi infastidisce, lì per lì, ed è quel suo stare impettita, irrigidita in una posa artefatta nonostante gli occhi insofferenti e vivacissimi. Ma so che ancora una volta si tratta di teatro. Sono di fronte alla solita affatturazione fra ambigua e divertita di un secolo che amava le metamorfosi profonde accompagnate dalla ironica caricatura di sé.

Marianna si è costruita, basta osservare meglio il ritratto, un involucro di severità inavvicinabile. Eppure il suo sguardo esprime una sapienza indulgente e profonda che non riesce a nascondersi dietro le "buone maniere". Le pupille sono chiare, luminose, appena attraversate da qualche nuvola di paura.

Quelle mani che si indovinano sempre in moto, fattive, prima di tutto nella scrittura, sembrano intente a interrogarsi sul senso delle cose. Una leggera increspatura delle labbra richiama l'idea di un sorriso trattenuto che irride alla propria severità e al proprio inconsolabile dolore. Un misto di curiosità intellettuali e voglie sopite, di severità militaresca e antichi sussurri voluttuosi.

Intanto, i piccoli gelati di Bagheria si stanno squagliando sul piatto. Trasudano goccioline chiare. «Prendine un altro», mi dice zia Saretta con gentile compunzione. Ma io ho la gola chiusa. Sono lì impietrita, a guardare quel quadro come se lo avessi riconosciuto con la parte più profonda dei miei pensieri: come se avessi aspettato per anni di trovarmi faccia a faccia con questa donna morta da secoli, che tiene fra le dita un foglietto in cui è scritta una parte sconosciuta e persa del mio passato bagariota.

Finito di stampare nel mese di febbraio 1993
presso il Nuovo Istituto Italiano d'Arti Grafiche
Bergamo

Printed in Italy